Geschrieben von:
Ute Horn & Daniel Horn

Baustelle Erste Liebe
Für Teens

Für alle,
die es wissen wollen!

SCM Hänssler

SCM

Stiftung Christliche Medien

Dr. Ute Horn, Jahrgang 1954, verheiratet mit Thomas, sieben Kinder, lebt mit ihrer Familie in Krefeld, ist Ärztin für Haut- und Geschlechtskrankheiten, Seelsorgerin, Buchautorin und vielgefragte Referentin. Ihr Hauptthema ist seit mehreren Jahren »Freundschaft, Liebe, Sexualität«. Sie hält Workshops für Teenager in Schulen, Jugendgruppen und Gemeinden sowie Vorträge und Wochenendseminare für Jugendleiter, Seelsorger und Interessierte.

Daniel Horn, Jahrgang 1988, engagiert sich als Leiter bei den Pfadfindern. Seine Hobbys sind Klavier- und Gitarrespielen. Er ist der zweite Sohn und das dritte Kind von Thomas und Ute Horn und möchte Kinderarzt werden.

4. Auflage 2010
Bestell-Nr. 394.486
ISBN 978-3-7751-4486-5

Internet: www.scm-haenssler.de
E-Mail: info@scm-haenssler.de
Umschlaggestaltung: Arne Claußen
Titelbild: Agentur Strandperle (Fancy by Veer)
Satz: Vaihinger Satz & Druck, Vaihingen/Enz
Druck und Bindung: CPI – Ebner & Spiegel, Ulm
Printed in Germany

Dieses Buch widmen wir allen Teenagern und Jugendlichen!

Inhalt

Danke

Als Erstes möchte ich allen Teenagern und Jugendlichen danken, die mir in den letzten 10 Jahren durch ihre Fragen und Antworten gezeigt haben, wie wichtig ihnen gute Informationen und ehrliche Auseinandersetzungen sind.

Vielen Dank an meinen Mann Thomas und an unsere Kinder Christine, Andreas, Daniel, Josua, Marcel, Pascal und Benjamin, die mich unterstützten und die Entwicklung der Seminare durch ihre Diskussionen mitgestalteten.

Einen Extradank an unseren 17-jährigen Sohn Daniel, der bereit war, mit mir zusammen dieses Buch zu erarbeiten.

Danken möchte ich auch Familie Kampa, die immer wieder ihr Haus zur Verfügung stellte und viele Jugendliche motivierte, sich Gedanken zum Thema »Freundschaft, Liebe und Sexualität« zu machen.

Mein besonderer Dank gilt Herrn Reismann, Konrektor der Maria-Montessori-Gesamtschule Krefeld, der mit mir das Konzept für ein sechsstündiges Tagesseminar erarbeitete und durchführte.

Mein Dank gilt auch Winfried Hahn von DE`IGNIS, Institut für Psychotherapie und christlichen Glauben, der mit mir zusammen das Buch »Baustelle erste Liebe – Mit Teenagern über Freundschaft, Liebe und Sexualität sprechen« schrieb. Viele seiner Gedanken finden sich in diesem Buch wieder.

Ute Horn

In erster Linie danke ich meiner Mutter und dem Verlag für das mir entgegengebrachte Vertrauen. Außerdem möchte ich an dieser Stelle auch meinen Eltern für ihre Erziehung und die mir entgegengebrachte Liebe danken.

Daniel Horn

Unser gemeinsamer Dank gilt Ute Mayer,
die das Buch kompetent lektoriert hat.

Vorwort

Keine Generation vor euch wuchs so ungezwungen als Mädchen und Jungen nebeneinander auf.

Keine Generation vor euch wurde so oft im Laufe ihres Lebens mit Aufklärung in Kindergarten und Schule bedacht.

Keine Generation vor euch wusste so viel über Sexualität und Verhütung wie die jetzige.

Und doch gab es noch nie so viele Teenagerschwangerschaften, Abtreibungen von Mädchen unter 18 Jahren und unglückliche Beziehungen wie heute. Was ist normal, ab wann sollte man eine Beziehung haben und wie lange sollte man sich kennen, um mit der sexuellen Liebe anzufangen?

Das sind Fragen, mit denen ihr jungen Menschen schon früh konfrontiert werdet. Oft zieht ihr euer Selbstwertgefühl aus einer Freundschaft. Mitreden können, nicht von gestern sein, möglichst schnell erwachsen wirken – ist das nicht eure Sehnsucht?

Lebe dein Leben nicht in einer Warteschleife, sondern lerne die Zeit ohne feste Beziehung zu schätzen und entdecke die darin liegenden Möglichkeiten!

Ich wünsche, dass dir dieses Buch eine Hilfestellung geben kann, damit du später nicht sagen musst: »Das habe ich alles nicht gewusst und es hat mir auch niemand gesagt.«

Ute Horn

»Freundschaft, Liebe und Sexualität« als Gesprächsthema ist in unserer Familie seit langem nichts Ungewöhnliches mehr. Besonders angeregt durch die Diskussionen zwischen meinen älteren Geschwistern und meinen Eltern, an denen auch ich mich später beteiligte, kreisten meine Gedanken oft um die mit Überzeugung vorgetragenen Aussagen und Argumente. Mehrmals besuchte ich das Seminar meiner Mutter, vorab im kleinen Kreis, später in meiner eigenen Klasse mitten in der Pubertät und zuletzt im großen Rahmen mit weiteren 100 Jugendlichen.

Von Zeit zu Zeit änderte sich meine Sichtweise. Heute kann ich die dargelegte Argumentation meiner Mutter sehr gut nachvollziehen und hoffe für dich, dass du durch dieses Buch und die aufgeführten Gedanken deinen Blickwinkel erweitern kannst.

Ein Erlebnis in der 11. Klasse bestätigte mir, dass es wichtig ist, an dem Buch meiner Mutter mitzuarbeiten. Auf die Frage, ob wir Schüler uns vorstellen könnten zu heiraten, antwortete eine Mitschülerin, dass sie eine lebenslange Partnerschaft für eine Illusion hält. Viele Mitschüler teilten ihre Auffassung. So möchte ich mit dazu beitragen, auch diesen Menschen eine neue Sicht der Dinge zu geben.

Mit einem Herzen gekennzeichnete Sätze sind mir besonders wichtig.

Daniel Horn

P.S.: Die in diesem Buch zur Illustration meiner Ausführungen beschriebenen Erlebnisse sind wirklich passiert. Wir haben jedoch zum Schutz der einzelnen Personen die Namen und Orte geändert.

Einleitung

Für alles macht man eine Ausbildung. Man geht zwischen 10 und 13 Jahre zur Schule - eine wichtige Voraussetzung, um einen Beruf zu erlernen. Danach macht man eine Lehre oder beginnt ein Studium und oft schließen sich weitere Ausbildungen an. Auch für den Führerschein nimmt man sich 3 bis 6 Monate Zeit, um in Theorie und Praxis vorbereitet zu werden, verantwortungsbewusst ein Fahrzeug zu führen.

Aber wie ist es im zwischenmenschlichen Bereich? Wie werden wir auf die Stolpersteine in Freundschaft und Beziehung vorbereitet? Wo gibt es Unterricht über die Unterschiedlichkeit von Mann und Frau? Wann lernt man, wie man eine Ehe führt und Kinder erzieht?

Wir möchten dazu beitragen, dass junge Menschen auf dem Gebiet der Freundschaften und Beziehungen gut vorbereitet werden.

Darum geht es in diesem Buch:

Kapitel 1 möchte dir Mut machen, einmal in den Spiegel zu schauen und zu erkennen, wer du bist. Welche Stärken und Schwächen hast du? Welche Fähigkeiten sind schon gut entwickelt und welche solltest du noch trainieren, damit Freundschaften und spätere Partnerschaften gelingen können?

Kapitel 2 beschäftigt sich damit, dass das Leben in jeder Phase schöne Seiten zu bieten hat. »Wünsche, Träume, Ziele« will verdeutlichen, dass du die Zeit ohne feste Beziehung nicht als verlorene Zeit ansehen solltest. Ansonsten besteht die Gefahr, dass du diese kostbare Zeit vertrödelst, indem du nur auf eine Beziehung wartest.

Anschließend wird in *Kapitel 3* dargelegt, wie sich Beziehungen zwischen den Geschlechtern entwickeln. »Was ist Verliebtsein? Ist es wahre Liebe? Worum geht es bei sexueller Liebe? Wie wichtig ist die freundschaftliche und selbstlose Liebe für die Dauer einer Beziehung?« Sind dies nicht Fragen, die dich beschäftigen? Hier sollen sie beantwortet werden!

In *Kapitel 4* wird verdeutlicht, wie Jugendliche durch Reklame, Filme und Zeitschriften geprägt werden. Die Auswirkungen der so genannten 68-er-Revolution, die Einführung der Antibabypille und die Überbetonung der Sexualität werden dargestellt.

In *Kapitel 5* möchten wir dich in deinem Wunsch nach sexueller Gemeinschaft ernst nehmen, deine Argumente nachvollziehen und mit dir darüber »reden«.

Ausführlich behandeln wir in *Kapitel 6* Argumente, mit dem Geschlechtsverkehr zu warten, bis man den Menschen gefunden hat, mit dem auch eine dauerhafte Beziehung möglich ist.

Was sagt die Bibel zu vorehelichem Geschlechtsverkehr? Gibt es Hilfen zum Umgang mit der eigenen Sexualität? Was rät die Bibel gerade jungen Leuten? Diese Fragen werden im *7. Kapitel* beantwortet.

In *Kapitel 8* werden Gedanken weitergegeben, die oft zwischen den Generationen (Eltern - Kind) nicht ausgesprochen werden.

Auszugsweise wollen wir uns in *Kapitel 9* damit beschäftigen, welche Richtlinien im Jugendschutzgesetz und im Sexualstrafrecht stehen.

Die wichtigsten Gedanken zu den Fragen: »Was ist Ehe?« / »Wann beginnt Ehe?« werden im *10. Kapitel* behandelt.

Am Ende des Buches findest du noch weiterführende Literatur.

Nun hoffen wir, dass das vorliegende Buch ein guter Wegweiser durch die vor dir liegende Zeit ist.

Noch ein kleiner Hinweis: Um eine gute Lesbarkeit zu gewährleisten, wurde auf die Doppelnennung der Geschlechterbezeichnungen weitgehend verzichtet. Die männliche oder weibliche Form steht in diesen Fällen als »neutrale« Variante für beide Geschlechter.

Ute und Daniel Horn

Kapitel 1

Du bist einmalig – entdecke deine Fähigkeiten

Es gibt gute Nachrichten für alle, die sich Beziehungen wünschen: Man kann selbst ein gutes Fundament dafür legen, indem man zum einen ein gutes Selbstwertgefühl entwickelt und zum anderen Fähigkeiten erwirbt, die für zwischenmenschliche Beziehungen besonders wichtig sind.

In einer groß angelegten amerikanischen Studie[1] über Probleme von Jugendlichen stellte man fest, dass 2/3 der Jugendlichen, von kleineren Schwierigkeiten abgesehen, relativ gut durch die Pubertät kamen. Nur 1/3 der jungen Leute hatte Probleme. Die Psychologen fragten nach den Ursachen für diese Schwierigkeiten und fanden heraus, dass diese jungen Menschen 2 Merkmale aufwiesen: Sie hatten ein niedriges Selbstwertgefühl und sie konnten schlecht mit Wut umgehen.

Dieses Kapitel soll davon handeln, Selbstwertgefühl und Fähigkeiten zu entwickeln, die dir helfen, stabile Freundschaften zu bauen.

Gesundes Selbstwertgefühl entwickeln

Was denkst du, wenn du in den Spiegel schaust? Bist du mit dir zufrieden? Oder findest du dich unattraktiv oder sogar hässlich?

Viele Menschen geben Kommentare über dein Aussehen ab, ohne sich etwas dabei zu denken. Z.B.: »Du hast Segelohren, du bist zu dick, du hast zu viele Sommersprossen oder deine Haut ist zu dunkel oder zu hell.« Andere spüren, womit sie dich treffen können, und sagen etwas über dein Äußeres, um dich zu ärgern. Alles, was ein bisschen anders ist als bei anderen, wird oft zum Anlass für Spitznamen, Hänseleien oder auch Gemeinheiten. Oft verfolgen uns solche Sätze.

Manchmal sind wir aber auch selbst diejenigen, die solche Aussagen machen. Da entdeckst du einen Pickel auf deiner Nase und schon ist der ganze Tag gelaufen. Du willst nicht mehr mit zum Schwimmen gehen. Die Geburtstagseinladung wird abgesagt, weil du glaubst, dass alle nur auf deinen Pickel schauen. Kennst du solche Reaktionen?

Von klein auf sind wir darauf geeicht, die Fehler zu sehen, und so stört uns ein Pickel auf der Nase, obwohl wir ansonsten kerngesund sind. Es gibt einen Spruch, der uns wachrütteln und uns dankbar machen könnte: »Ich weinte, weil ich keine Schuhe hatte, bis ich jemand traf, der keine Füße hatte.« Meistens wird man erst dankbar dafür, dass man laufen kann, wenn man ein Bein gebrochen hat.

Versuche deinen Körper zu akzeptieren und dich an dem zu freuen, was du alles damit machen kannst. Es ist ein Vorrecht, sehen, riechen, hören, laufen, schreiben und vieles mehr zu können. Versuche Dinge, die du an dir nicht magst – wie eine zu große Nase, Sommersprossen, Pickel – anzunehmen.

Cora war immer eine der Kleinsten in der Klasse. Da ihre Eltern Normalgröße haben, beruhigten sie sie immer wieder damit, dass sie schon noch wachsen würde. Eines Tages ließen sie dann doch eine Untersuchung der Handknochen machen, durch die man die voraussichtliche Größe bestimmen konnte. Die Voraussage ergab, dass Cora etwa 1,60 Meter werden würde. Bei dieser Nachricht brach sie in Tränen aus und schluchzte: »Dann will ich nicht mehr leben, wenn ich so klein bleibe.«

Vielleicht sagst du jetzt, dass dies doch kein Grund sei, nicht mehr leben zu wollen. In vielen Gesprächen habe ich erkannt, dass die Frage des Selbstwertgefühls nicht objektiv gemessen werden kann. Ein bildschönes Mädchen kann sich selbst für hässlich halten und ein Junge mit O-Beinen denkt, dass er nie eine Freundin finden könnte, da sie bestimmt zuerst auf seine Beine schauen würde. Es ist deshalb so schwer zu beeinflussen, weil es ein subjektives Gefühl ist.

Der 15-jährige Michael antwortet auf die Frage, was er denn besonders gut in der Schule mache: »Ich kann gar nichts gut, weder in der Schule noch im privaten Bereich.«

Vielleicht befindest du dich auch gerade in der Lage, dass du an dir nichts Positives sehen kannst. Mir hilft dann der Spruch, dass es keinen Kaktus gibt, der nicht auch Blüten hat. Manchmal ist ein Umdenken nur möglich, wenn ich mir eine Woche lang auferlege, nur die positiven Dinge wahrnehmen zu wollen.

Für mich hat jemand ein gesundes Selbstwertgefühl, der gut mit seinen Stärken und Schwächen umgehen kann.

Zu sich Ja sagen und aus sich das Beste machen – das ist wichtig.

FRAGE: WAS DENKST DU ÜBER DEIN ÄUSSERES?
HAST DU EIN GUTES SELBSTWERTGEFÜHL?
KENNST DU DEINE STÄRKEN UND SCHWÄCHEN?

TIPP: SCHAU IN DEN SPIEGEL UND ZÄHLE ALLES AUF, FÜR DAS DU DANKBAR BIST. SCHREIBE DOCH EINMAL 5 FÄHIGKEITEN AUF, DIE DU GUT KANNST. ÜBERLEGE AUCH, WAS ANDERE ÜBER DICH GUTES SAGEN: TRIFF HEUTE DIE ENTSCHEIDUNG, JA ZU DIR ZU SAGEN. ENTWICKLE DAS, WAS DU GUT KANNST, UND ARBEITE AN DEINEN SCHWÄCHEN.

Guter Umgang mit Wut und anderen Gefühlen

Gibt es das überhaupt? Guter Umgang mit Wut? Wie geht es dir dabei, wenn du einen Wutausbruch bekommst?

Positive Seite der Wut

Darf man wütend sein?
»Ja« ist meine klare Antwort.

Wut zeigt an: »Hier ist etwas nicht in Ordnung!« Wut kann verschiedene Gründe haben: Enttäuschung, Verletzungen, eigenes Versagen, Verbote, Ungerechtigkeit ... Nimm deine Wut ernst. Wut hat nicht nur diese zerstörerische Komponente, vor der man Angst haben muss, sondern sie ist auch eine sehr starke Kraft, die Missstände und Ungerechtigkeiten verändern kann. Wenn du siehst, dass mehrere Klassenkameraden einen Behinderten auf dem Schulhof ärgern und du aus Wut andere zu Hilfe holst, dann hast du die positive Seite der Wut gut eingesetzt. Viele Veränderungen zum Wohl der Menschen haben mit Wut über Ungerechtigkeit angefangen. Jede Gesellschaft braucht Menschen, die ihren Ärger über Missstände nicht nur artikulieren, sondern den Worten auch Taten folgen lassen.

Negative Seite der Wut

Wenn du allerdings eine Schlägerei anfängst, dann endet dein Wutausbruch meistens in einem Chaos.

Wut hat eine Grenze. Du darfst Wut nicht ungehindert ausleben. In deiner Wut solltest du weder Gegenstände absichtlich zertrümmern, noch Menschen in Wort und Tat verletzen.

Aber was kann man tun, wenn Wut hochsteigt?

Alltagserprobte Tipps im Umgang mit Wut

- Erst einmal tief Luft holen, bevor man antwortet.
- Bis 10 zählen.
- In der Tasche eine Faust ballen.
- An einen einsamen Ort gehen, an dem man allein sein kann – vielleicht eignet sich eine Toilette ideal dafür.
- Sich alles anhören und um Bedenkzeit bitten.
- Die Wut an einem Boxsack oder Kissen auslassen.
- Eine Runde joggen oder Fahrrad fahren.
- Die Wut auslösende Arbeit um zwei Stunden verschieben.
- Nachdenken, was die Ursache der Wut ist.
- Mit jemand reden.
- Beten.
- Zivilcourage zeigen und Missstände verändern.

Frage: Hast du gelernt, mit Wut umzugehen oder wirst du leicht handgreiflich, wenn man dich reizt? Verletzt du andere mit Worten? Nimmst du deine Gefühle wahr? Wie könntest du die Wut zum Wohl für andere Menschen einsetzen oder um Missstände zu ändern?

Tipp: Lerne, mit Wut umzugehen. Frag dich, was der Auslöser deiner Wut ist. Gib den Gefühlen

Namen: Selbstmitleid, verletzter Stolz, enttäuschte Erwartung, wahrgenommene Ungerechtigkeit

Kommunikationsfähigkeit

Kommunikationsfähigkeit beinhaltet, dass ich meine Gedanken und Gefühle in Worte kleiden kann, so dass das Gegenüber mich versteht. Reden und zuhören können sollte in gleicher Weise entwickelt sein. Viele Jugendliche gehören zur Gruppe der Schweiger, besonders auch im Unterricht.

Holschuld

Folgende Ausführungen eines Lehrers könnten dich wachrütteln. »Weißt du, dass Lehrer bis zur Klasse 10 eine *Holschuld* haben?« Das bedeutet, dass sie einem Kind, das im Unterricht nichts sagt, keine 6 geben dürfen. Sie müssen das Wissen aus ihm herausholen und erst, wenn sich die Lehrer überzeugt haben, dass das Kind auch auf Nachfragen nichts weiß, dürfen sie eine schlechte Note geben.

Bringschuld

Anders ist das in der Oberstufe. Da gibt es die *Bringschuld.* Der Jugendliche muss das Wissen dem Lehrer bringen. Hier kann der Lehrer eine 6 geben, wenn der Jugendliche immer nur stumm dem Unterricht lauscht.

Vielleicht ärgerst du dich darüber. Aber auch im Berufsleben muss der Erwachsene sich bewerben, sich darstellen, seine Fähigkeiten herausstellen, damit er eine Stelle bekommt. Es gehört zu einer gewissen Lebenstauglichkeit dazu, sein Wissen vor anderen zu präsentieren.

Fragen: Kannst du dich so ausdrücken, dass andere verstehen, was du denkst und fühlst? Kannst du gut zuhören?

Tipp: Übe, Erlebnisse und Zeitungsartikel wiederzugeben! Sicher findest du Eltern oder Freunde, die dir gerne zuhören. Ansonsten kannst du es auch vor dem Spiegel trainieren. Lerne zuzuhören! Der Mensch hat zwei Ohren und einen Mund.

Zuhören und Reden
gehören für eine
gute Kommunikation zusammen.

Konfliktfähigkeit

Dürfen Jugendliche untereinander und mit Geschwistern streiten? Was löst das Wort Streit bei dir aus?

Streit gehört dazu, wenn Menschen eng zusammenleben. Streiten heißt, dass jeder seine Meinung sagt. Es gelten ähnliche Spielregeln wie im Umgang mit Wut. Deshalb ist es wichtig, ein Ja dazu zu finden, dass Auseinandersetzungen bei der Persönlichkeitsentwicklung wichtig sind.

Das Ziel ist fair zu streiten.

Streitregel Nr. 1: Worte wie »immer« und »nie« meiden

Achte auf ein paar einfache Streitregeln: Worte wie »immer« und »nie« solltest du meiden, da sie den anderen sofort in die Verteidigungsposition bringen und er oft das Wesentliche nicht mehr hören kann, weil er sich schon an diesen beiden Worten aufgehängt hat.

Streitregel Nr. 2: Ich- statt Du-Sätze formulieren

Eine andere Regel besagt, Ich- statt Du-Sätze zu formulieren: »Ich fühle mich verletzt.«, statt: »Du hast schon wieder ...«. Verschiedene Standpunkte darzulegen und bis zu einer Lösung zu diskutieren, ohne dass beide Parteien am Ende verletzt sind, ist das Ziel. Das kannst du lernen. Wenn wir, um der Harmonie willen, alles unter den Teppich kehren oder immer nur schweigen, entwickeln wir uns zu einem Pulverfass. Nicht verarbeitete Aggressionen werden sich einen Weg suchen – entweder werden sie sich gegen andere oder gegen mich selbst richten.

Fragen: Kannst du fair streiten? Fühlst du dich schnell verletzt und ziehst dich dann zurück oder kannst du Konflikte aushalten und bis zu einer Lösung diskutieren?

Tipp: Beobachte und analysiere Streitsituationen.
Wann eskalierte der Streit?
Frag dich nach deinen Gefühlen.
Lerne die wichtigsten Regeln der Kommunikation.

Anpassungsfähigkeit

Auf der einen Seite muss der Mensch lernen, eigene Bedürfnisse und Grenzen wahrzunehmen. Auf der anderen Seite kann es um der Gemeinschaft willen erforderlich sein, auf seine Wünsche zu verzichten. Anpassung ist wichtig, aber nicht bis zur Selbstaufgabe.

Fragen: Wie schnell kannst du dich auf veränderte Situationen einstellen? Wie verhältst du dich, wenn ungeplante Dinge passieren, eine Verabredung platzt oder du zusätzliche Arbeiten übernehmen musst? Wie geht es dir in ungewohnter Umgebung und auf Klassenfahrten?

Tipp: Stell dich den Herausforderungen und Schwierigkeiten. Lerne angemessen mit Enttäuschungen umzugehen.

Fähigkeit, alleine glücklich zu sein

Der Mensch muss in der Jugend lernen, Zeit alleine sinnvoll zu gestalten. Einzelkinder spielen oft stundenlang mit sich. Sie lernen das notgedrungen, weil oft kein anderes Kind zum Spielen da ist und die Eltern keine Zeit haben. Kinder aus größeren Familien laufen stattdessen oft wie Falschgeld herum, wenn die Geschwister zum Reden oder für Unternehmungen nicht zur Verfügung stehen. Sie haben selten Gelegenheit, die Zeit selbst gestalten zu müssen, da andere Geschwister oft schon etwas Interessantes machen. Sie müssen lernen, sich alleine zu beschäftigen.

Frage: Kannst du dich gut alleine beschäftigen oder fällt dir dann schnell die Decke auf den Kopf?

TIPP: Verbringe Zeiten allein und lade dir nicht sofort Freunde ein, nur um nicht allein zu sein. Entdecke den Reichtum in dir.

Gemeinschaftsfähigkeit

Auf der anderen Seite muss der Mensch lernen, sich in eine Gemeinschaft einzuordnen. Im Laufe seines Lebens muss er sich in verschiedene Gruppen integrieren: Kindergarten, Schule, Arbeitsplatz. Wenn man damit Schwierigkeiten hat, könnte es helfen, in einen Verein oder auf Freizeiten zu gehen und bewusst Freundschaften zu pflegen.

FRAGEN: Bist du gerne mit anderen Menschen zusammen?
Kannst du auf Fremde zugehen?
Siehst du die Nöte der anderen?
Kannst du dich ein- und unterordnen?

TIPP: Suche dir ein passendes Hobby, mach einen Mannschaftssport, geh in einen Verein, wenn du eher der Einzelgänger bist.

Entscheidungsfähigkeit

Wenn du dich nicht entscheidest, entscheiden andere für dich.

Entscheidungsfähigkeit bedeutet, dass man aus mehreren Möglichkeiten eine auswählt. Kannst du das Pro und Kontra abwägen, dich festlegen und dann auch die Konsequenzen des eingeschlagenen Wegs tragen?

Wenn die Entscheidungsfähigkeit fehlt, fühlt man sich oft unsicher. Dann richtest du dich immer nach dem, was andere wollen. Du lebst gar kein eigenes Leben, sondern wirst gelebt.

FRAGE: Kannst du gut Entscheidungen treffen oder begleitet dich der Satz »Es ist mir egal.«?

TIPP: Rede in der Familie oder mit Freunden über verschiedene Möglichkeiten einer Entscheidung. Trage die Konsequenzen der Entscheidung und hab den Mut zur Korrektur, wenn die Entscheidung falsch war.

Verantwortungsbewusstsein

Jeder Mensch muss lernen, zunächst für sich und später auch für andere Verantwortung zu übernehmen. Je älter man wird, desto mehr Verantwortung kann und sollte man tragen. Es macht Menschen zufrieden und glücklich, wenn sie etwas in Eigenverantwortung machen können. Versuche, zunächst kleine und später größere Aufgaben zu übernehmen. Ich wünsche dir Menschen, die dich ermutigen und herausfordern, weil sie dir etwas zutrauen. Aber es ist deine Aufgabe, das Angebot auch anzunehmen!

Fragen: Übernimmst du Verantwortung für eine Gruppe oder lässt du die anderen immer vor? Denkst du mit, wenn ein Geschenk für einen Lehrer gesucht wird? Bist du bereit, dich zum Klassensprecher wählen zu lassen oder sagst du immer: »Das kann ich nicht.«?

Tipp: Übernimm Aufgaben in der Schule, im Verein oder im Haushalt.

Fähigkeit zum Verzicht

Kaum eine Generation hat so wenig Gelegenheit, im Alltag verzichten zu lernen wie die jetzige. Durch den Wohlstand und die moderne Medientechnik ist sie gewohnt, dass Wünsche sehr schnell erfüllt werden können. In keiner Zeit vorher verfügten Jugendliche über soviel Geld. Und doch spüren wir zunehmend in unserer »Spaßgesellschaft«, dass wahrer Genuss nur möglich ist, wenn auch Verzicht erlebt wird. Nur wenn ich Hunger gespürt habe, kann ich ermessen, wie kostbar es ist, jeden Tag satt zu werden.

Die Fähigkeit zum Verzicht ist eine lebensnotwendige Fähigkeit. Auch im Mangel dankbar zu sein, ist eine Kunst von Menschen, die im Leben glücklich sind. Es ist eine wertvolle Erfahrung, die Stärke seines Willens zu testen, indem man freiwillig für eine gewisse Zeit auf etwas verzichtet.

FRAGEN: KANNST DU VERZICHTEN ODER MUSST DU ALLES MÖGLICHST SOFORT HABEN?

TIPP: NIMM DIR VOR, EINE WOCHE LANG AUF SÜSSIGKEITEN ODER DEN COMPUTER ZU VERZICHTEN.

Beurteile deine Fähigkeiten

In einem Polarisationsprofil kann man die Fähigkeiten auf einer Skala von 1-5 ähnlich der deutschen Noten beurteilen, wobei 1 das Beste und 5 das Schlechteste ist. Nimm dir doch jetzt einige Augenblicke Zeit und denke über dich nach. Damit dir die Beurteilung einfacher fällt, wurden alle Fragen zu den Fähigkeiten nochmal auf einer Seite zusammengestellt. Später kannst du deine Freunde und Eltern bitten, dich einzuschätzen. Idealerweise sollten die gemachten Beurteilungen nicht sehr voneinander abweichen.

Matthias und Florian, beide 14 Jahre alt, füllen das Polarisationsprofil jeder für sich aus. Anschließend bitten sie jeweils den anderen um eine Beurteilung. Matthias gibt sich eine 1 in Kommunikationsfähigkeit. Sein Freund gibt ihm eine 4. Die beiden kommen ins Gespräch. »Ich kann doch super reden«, wehrt sich Matthias. »Ja«, gibt Florian zu, »aber du kannst überhaupt nicht zuhören, und das gehört für mich zu einer guten Kommunikationsfähigkeit dazu.«

»Wer bin ich?« und »Wie wirke ich?« sind *die* Zentralfragen von Jugendlichen. Oder nicht? Wie hilfreich für Matthias, schon mit 14 Jahren einen Spiegel vorgehalten zu bekommen.

Polarisationsprofil zu Selbstwertgefühl und Fähigkeiten

1. Selbstwertgefühl	①	②	③	④	⑤
2. Guter Umgang mit Gefühlen	①	②	③	④	⑤
3. Kommunikationsfähigkeit	①	②	③	④	⑤
4. Konfliktfähigkeit	①	②	③	④	⑤
5. Anpassungsfähigkeit	①	②	③	④	⑤
6. Fähigkeit, alleine glücklich zu sein	①	②	③	④	⑤
7. Gemeinschaftsfähigkeit	①	②	③	④	⑤
8. Entscheidungsfähigkeit	①	②	③	④	⑤
9. Verantwortungsgefühl	①	②	③	④	⑤
10. Fähigkeit zum Verzicht	①	②	③	④	⑤

1 = Diese Fähigkeit ist in besonderem Maße vorhanden.

2 = Diese Fähigkeit ist gut entwickelt.

3 = Diese Fähigkeit ist durchschnittlich ausgebildet.

4 = Diese Fähigkeit ist weniger gut entwickelt.

5 = Diese Fähigkeit ist nicht ausgebildet.

Selbstwertgefühl und Fähigkeiten entwickeln

1. Gesundes Selbstwertgefühl entwickeln
Habe ich ein gutes Selbstwertgefühl? Kenne ich meine Stärken und Schwächen?

2. Guter Umgang mit meinen Gefühlen
Habe ich gelernt, mit Wut umzugehen, oder werde ich handgreiflich, wenn man mich reizt? Habe ich meine Zunge im Griff? Kann ich auch mal weinen? Nehme ich meine Gefühle wahr?

3. Kommunikationsfähigkeit
Kann ich mich so ausdrücken, dass andere verstehen, was ich denke und fühle? Kann ich gut zuhören?

4. Konfliktfähigkeit
Kann ich fair streiten? Fühle ich mich schnell verletzt und ziehe mich dann zurück oder kann ich Konflikte aushalten und bis zu einer Lösung diskutieren?

5. Anpassungsfähigkeit
Wie schnell kann ich mich auf veränderte Situationen einstellen? Wie verhalte ich mich, wenn Ungeplantes passiert, eine Verabredung platzt oder ich zusätzliche Arbeiten übernehmen muss? Wie geht es mir auf Klassenfahrten?

6. Fähigkeit, alleine glücklich zu sein
Kann ich mich gut alleine beschäftigen oder fällt mir dann schnell die Decke auf den Kopf?

7. Gemeinschaftsfähigkeit
Bin ich gerne mit anderen Menschen zusammen? Kann ich auf Fremde zugehen? Sehe ich die Nöte der anderen? Kann ich mich ein- und unterordnen?

8. Entscheidungsfähigkeit
Kann ich gut Entscheidungen treffen oder begleitet mich der Satz »Es ist mir egal.«?

9. Verantwortungsbewusstsein
Übernehme ich Verantwortung für eine Gruppe, oder lasse ich die anderen immer vor? Denke ich mit, wenn z.B. ein Geschenk für einen Lehrer oder Zivildienstleistenden gesucht wird? Bin ich bereit, mich zum Klassensprecher wählen zu lassen, oder sage ich immer »Das kann ich nicht«?

10. Fähigkeit zum Verzicht
Kann ich verzichten oder muss ich alles möglichst sofort haben?

Kapitel 2

Wünsche, Träume, Ziele

Wie wäre es, wenn du versuchen würdest, dein Leben aktiv in die Hand zu nehmen? Die meisten Geschichten in deinem Leben schreibst du selbst. Der Volksmund sagt dazu, dass jeder seines Glückes Schmied ist.

Es gibt viele natürliche Konsequenzen, die sich aus deinem Handeln ableiten. Wenn du als 12- bis 15-Jähriger anfängst, regelmäßig einen bestimmten Geldbetrag zurückzulegen, wirst du ohne größere Probleme deinen Führerschein bezahlen können. Wenn du in der Schule gut aufpasst und deine Hausaufgaben regelmäßig erledigst, wirst du wahrscheinlich auch die Schule erfolgreich durchlaufen. Die umgekehrte Konsequenz gibt es natürlich auch.

Immer wieder stehst du an Weggabelungen und es heißt: »Was willst du?« In der Schullaufbahn kannst du zum einen den Schultyp, dann oft auch die verschiedenen Fächer wählen. Je früher du dein Berufsziel kennst, desto besser kannst du dich entscheiden. Wenn du sehr sprachbegabt bist und einmal Französisch oder Spanisch studieren möchtest, würde ich dir raten, Latein schon in der Schule zu wählen, da Latein eine Voraussetzung für das Studium der beiden Fächer ist und du es sonst mühsam an der Universität nachholen musst. Auf der einen Seite ist es also wichtig, sich früh Gedanken zu machen. Auf der anderen Seite sollte man aber auch immer offen sein, möglichst breit gefächert zu lernen, da man nie weiß, was man letztendlich später für die Berufsausbildung oder im Beruf braucht.

Ich wusste schon mit 10 Jahren, dass ich Ärztin werden wollte und hätte nie gedacht, dass ich dafür mal Französisch bräuchte. Erst als ich in Deutschland keinen Studienplatz bekam, begriff ich, dass ich in Belgien Medizin studieren konnte (alles in französischer Sprache). Wie dankbar war ich jetzt für die 5 Jahre Französisch auf der Schule.

Als junger Mensch sind wir manchmal eher kurzsichtig.

So sagte Thomas seinem Englischlehrer einmal: »Ihr Englisch werde ich sowieso nie brauchen.« Wie Unrecht sollte er behalten. Als Mediziner braucht er heute noch sehr viel Englisch, besonders auf Kongressen und bei Veröffentlichungen in Fachzeitschriften.

Die Teenager- und Jugendzeit ist eine der spannendsten Zeiten im Leben überhaupt, weil hier viele Weichen gestellt werden. Zwischen deinem15. und 25. Lebensjahr entscheidet sich, welchen Beruf du ergreifen wirst, und oft schon auch, mit welchem Menschen du zusammenleben wirst.

Jetzt hast du noch die Zeit, Gaben zu trainieren, ein Musikinstrument spielen zu lernen, neue Hobbys auszuprobieren und zu lesen. Das Leben ist zu kurz, als dass man es mit Warten verbringen sollte. Wenn du deinen Weg selbstbewusst gehst, ohne ständig Signale auszusenden mit der Botschaft »Ich suche eine Beziehung«, wirst du sehr attraktiv für andere sein.

Ich wünsche dir, dass du dir Gedanken über deine Lebensziele machst und dafür das nötige Durchhaltevermögen aufbringst.

Ziele definieren

Ziele im Beruflichen

Jedes Ziel im Leben kann nur erreicht werden, wenn man auch bereit ist, den Weg dorthin zu gehen.

Am Beispiel der Berufswahl möchte ich es verständlich machen.

Weißt du schon, was du später einmal werden möchtest? Hast du dir darüber schon Gedanken gemacht?

Wie könnte der Weg für Max ab Klasse 9 aussehen, wenn er Lehrer werden möchte?

Klasse 9 ➔	Abitur ➔	Bundeswehr/Zivildienst ➔	Studium ➔	Referendariat ➔	Lehrer
15 J.	19 J.	20 J.	25 J.	27 J.	

Er muss erst die Klasse 10 mit Fachoberschulreife o. Ä. abschließen, dann das Abitur bestehen, Bundeswehr oder Zivildienst absolvieren und die Bedingungen von Studium und Referendariat erfüllen. Unter dem Strich bedeutet das noch ca. 10–12 Jahre Ausbildung.

Welchen Beruf wünschst du dir? Bist du bereit, den Weg zu gehen und so viel zu lernen, auch wenn andere schwimmen, feiern oder Urlaub machen?

Während meines Studiums hatte ich eine Karte an der Pinnwand hängen. Als Hintergrund waren viele kleine, weiße Neins gezeichnet, im Vordergrund stand in großen Buchstaben der Satz:

Das Ja zu einem
großen Ziel
verlangt viele Neins.

Vielleicht kann dir dieser prägnante Satz auch helfen.

Ziele im Privaten

Die Frage ist nun, ob es auch im Zwischenmenschlichen solche Ziele und Wege gibt.

Was ist dein Ziel? Willst du heiraten, eine feste Partnerschaft eingehen, Kinder bekommen? Willst du eine erfüllte, glückliche Sexualität in einer stabilen, lebenslangen Partnerschaft erleben?

Wenn du auf diese Fragen mit »Ja« antwortest, schließen sich andere Fragen an: Glaubst du, dass es egal ist, was du bis zum Kennenlernen deines Partners tust?

Haben deine jetzigen
Beziehungen, deine
sexuellen Erfahrungen
als Jugendlicher
Einfluss auf deine spätere
Partnerschaft oder nicht?

Nimm dir doch jetzt einige Minuten Zeit, um die folgenden Fragen zu beantworten.

- Willst du heiraten?
- Mit wie viel Jahren willst du heiraten?
- Möchtest du Kinder haben?
- Welche Eigenschaften sollte dein zukünftiger Partner haben?
- Wie könnte der Schulabschluss und der Beruf deine Beziehung beeinflussen?
- Welche Auswirkungen auf eine spätere Ehe können sexuelle Erfahrungen als Jugendlicher haben?
- Welche Vorbilder hast du für gute Ehen?

Willst du heiraten?

Ich habe diese Frage schon vielen Teenagern gestellt und den Eindruck, dass es kaum junge Menschen gibt, die nicht davon träumen, eines Tages einem Menschen zu begegnen, mit dem sie ihr Leben teilen möchten.

Ist das auch dein Ziel? Bist du bereit dafür etwas zu tun, dass du dieses Ziel auch erreichst?

Vielleicht verwundert es dich, dass du schon als junger Mensch die Weichen für eine spätere Partnerschaft stellst. Aus vielen Gesprächen heraus weiß ich, dass wir wie Registrierkassen funktionieren. Wir merken uns ziemlich viele Dinge, und ganz besonders die schönen und verletzenden Erfahrungen. Sie prägen sich tief in uns ein. Deshalb musst du auf dich aufpassen. Du bist nicht unverletzbar, auch wenn du das manchmal denkst. Wenn du als 17-Jährige eine sexuelle Beziehung eingehst, die nach einiger Zeit wieder gelöst wird, können diese Erfahrungen deine spätere Ehe belasten, weil du durch diesen ersten Mann in deinem Leben sehr geprägt wurdest und du noch oft an ihn denken wirst.

Du bist nicht unverletzbar!

Es ist wichtig, die jetzige Zeit als junger Mensch vom Ziel einer festen Partnerschaft her zu beurteilen. Diese Weitsicht fehlt uns oft. Und sie ist auch nicht üblich, da wir dem Moment so viel Bedeutung beimessen und auch eher dazu erzogen werden, Spaß zu genießen, ohne groß an die Konsequenzen zu denken.

Teenagerfreundschaften sind eher kurzlebige Beziehungen. Man verliebt sich, startet eine Freundschaft, löst sie wieder. Das kann öfters passieren. Aber auch wenn Schulfreundschaften 2-3 Jahre dauern, zerbrechen sie oft, wenn eine Lehre angefangen wird oder man an verschiedenen Universitäten studiert. Wenn Intimität gelebt wurde, hat man die Erfahrung von »Ehe« und dann auch von »Ehescheidung« gemacht, obwohl man offiziell sagen kann: »Ich war nie verheiratet und bin folglich auch nicht geschieden.« Eine Trennung tut immer weh. Sie schmerzt besonders, wenn Sexualität praktiziert wurde. *Heb dich für den Richtigen/die Richtige auf.* Die Sexualität ist ein schönes Geschenk, aber man kann nicht beliebig mit ihr machen, was man will, ohne Schaden zu nehmen.

Wenn du Ehe willst, dann ermutige ich dich, auch alles dafür zu tun, dass Ehe später gelingt.

Mit wie viel Jahren willst du heiraten?

Die meisten möchten heiraten, wenn sie zwischen 23 und 27 Jahre alt sind – am liebsten nach der Berufsausbildung. Das ist auch oft der Grund, warum junge Paare zusammenziehen. Sie glauben, dass man erst eine fertige Berufsausbildung haben muss, bevor man heiratet.

Ich bin meinen Eltern sehr dankbar, dass sie mir sagten: »Wenn ihr euch 2-3 Jahre kennt, wir sehen, dass ihr in der Berufsausbildung eure Examen besteht und euch ganz sicher seid, dass ihr heiraten möchtet, dann tut es auch. Wir bezahlen das Studium zu Ende, auch wenn ihr verheiratet seid.«

Wenn heutzutage ein Pärchen in eine andere Stadt zum Studium geht, dann wird ziemlich sicher gefragt: »Sucht ihr euch jetzt eine gemeinsame Wohnung?« Man erwartet förmlich, dass sie auch zusammenziehen. Sie müssen es nur erklären, wenn sie es nicht tun.
Ich würde dir raten, in getrennte Wohngemeinschaften zu ziehen. Dort kannst du erleben, wie es sich in den ersten eigenen »4 Wänden« anfühlt – ohne Familie und ohne Freund/Freundin.

Für mich ist das Gelingen von Beziehungen von der Entscheidung abhängig, treu sein und auch Krisen miteinander durchstehen zu wollen.

Viele leben längere Zeit »Ehe auf Probe«, dann heiraten sie und trotzdem geht ihre Ehe nach einigen Jahren in die Brüche. Zeigt das nicht, dass man Ehe nicht ausprobieren kann?

Möchtest du Kinder haben?

Auch das ist eine Frage, die dir im Moment vielleicht zu weit weg erscheint.

Ich habe erlebt, dass mein jetziger Mann sehr früh in unserer Freundschaft diese Frage an mich gerichtet hat. Wir waren 20 und 21 Jahre alt, beide Medizinstudenten und er spürte, dass ich von der Medizin begeistert war. »Willst du später Kinder haben oder willst du nur Karriere als Medizinerin machen? Wenn du mir jetzt am Anfang unserer Beziehung sagst, dass du keine Kinder willst, dann trenne ich mich von dir, weil für mich Kinder in einer Ehe sehr wichtig sind.«

Die Frage ist, wie weit ich eine Beziehung laufen lasse, bei der ich von Anfang an weiß, dass sie niemals eine Beziehung auf Dauer werden kann. Ich erlebe immer wieder junge Menschen, die nach dem Prinzip »festhalten und weitersuchen« handeln. Einer von beiden träumt von den Hochzeitsglocken und der andere möchte nicht, sagt es aber nicht und lebt so lange in der Beziehung, bis ein neuer Stern am Horizont auftaucht.

Wenn ich den anderen in der Schwebe halte und ihn glauben lasse, dass ich ihn liebe, nehme ich ihm die Chance, noch in jungen Jahren den Partner kennen zu lernen, der ihn heiraten würde.

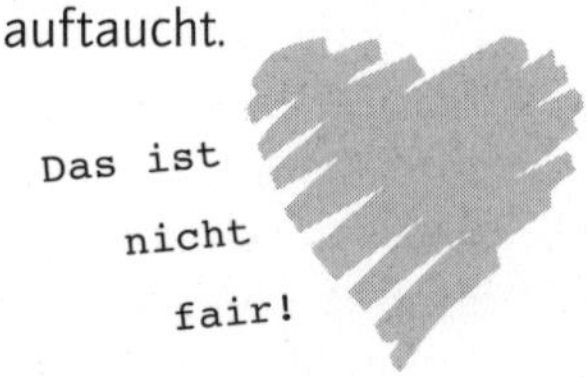

Deshalb ist es für mich absolut wichtig, Beziehungen auch in Ehrlichkeit zu beenden, wenn man feststellt, dass die Vorstellungen vom Leben einfach zu weit auseinander liegen.

Welche Eigenschaften sollte dein zukünftiger Partner haben?
Was mag wohl bei dir ganz oben stehen? Mache dir darüber einmal intensivere Gedanken. Stell dir auch während einer Freundschaft immer wieder mal diese Frage: »Hat meine Freundin/mein Freund diese Eigenschaften, die mir so wichtig sind?«

Treue, Ehrlichkeit
Kannst du dich auf den anderen verlassen? Man kann sich nur geborgen fühlen, wenn der andere ehrlich mit mir und sich umgeht. Steht der andere zu dir, auch wenn seine Freunde da sind? Oder tut er dann so, als ob er dich nicht kennt? Kann er Geheimnisse für sich behalten, wenn du ihn darum bittest? Stellt er dich vor anderen bloß? Wie verhält er sich, wenn er dir wehgetan hat oder wenn er dabei erwischt wird, dass er offensichtlich nicht die Wahrheit gesagt hat? Eine Beziehung hat nur eine Zukunft, wenn der Partner treu ist.

Humor, gemeinsame Hobbys, Flexibilität
Könnt ihr zusammen lachen, auch über euch selbst? Gemeinsam Spaß zu haben, schafft eine gute Atmosphäre. Wie sieht es mit gemeinsamen Hobbys aus? Seid ihr im gleichen Verein? Es ist wichtig, auch an den gleichen Dingen Freude zu haben. Das kann Sport sein, Musik machen, basteln, kochen, malen. Es gibt viele Hobbys, die man auch gemeinsam ausprobieren kann. Was passiert, wenn Dinge schief laufen? Ist der andere

flexibel? Oder verhält er sich wie ein Computer, der sich auch ab und zu mal aufhängt oder den Bildschirmschoner einschaltet?

Großzügigkeit, Geduld

Wie sieht es mit Eifersucht und Neid aus? Sicher muss ich mich immer selbst prüfen, ob ich den anderen zur Eifersucht reize und ob ich mich ihm gegenüber loyal verhalte. Auf der anderen Seite können einem krankhaft eifersüchtige Menschen das Leben sehr schwer machen. Liebe zum anderen wird immer wieder angefacht, wenn ich merke, dass der andere mir etwas gönnt und mir hilft, mich weiterzuentwickeln. Steht dein Freund/deine Freundin deiner persönlichen Entfaltung im Weg? Fühlst du dich eher wie im Gefängnis? Wahre Liebe freut sich an den Erfolgen des anderen und feiert mit. Wie verhält sich dein Partner, wenn du krank bist? Hat er Geduld mit dir, wenn du Zusammenhänge nicht so schnell verstehst?

Schönheit, Körperpflege, Kleidungsstil

Schönheit ist den meisten Jugendlichen sehr wichtig. Die erste Anziehung geschieht über unsere Augen. Neben der äußeren Schönheit gibt es eine innere Schönheit. Die Anziehung geschieht dann durch den Charakter. Man ist fasziniert von seiner Art, mit Menschen zu sprechen, durch seine weise Art, Streit zu schlichten oder Entscheidungen zu treffen.

Auch der Geruch eines Menschen kann abstoßend oder anziehend sein. Der Volksmund sagt: »Den kann ich nicht riechen.« Und da ist etwas Wahres dran. Wenn du den Körpergeruch eines Menschen nicht magst, ist es fast nicht möglich, mit ihm eine Beziehung aufzubauen. Körperpflege ist wichtig. Die meisten erwarten, dass man sich regelmäßig duscht und pflegt.

Wie sieht es mit der Kleidung aus? Findest du die Kleidung, die sie/er trägt, altmodisch oder schlampig? Schämst du dich in der Gegenwart des anderen? Meine Erfahrung ist, dass man über Kleidung bis zu einem gewissen Grad reden kann. Manche Menschen haben kein Gefühl für Farben und Formen. Sie wissen nicht, was ihnen steht und wie sie wirken. Andere finden auf Anhieb die passende Kleidung und ziehen sich immer stimmig an. Versuche vorsichtig herauszufinden, warum er/sie sich so kleidet. Vielleicht ist der andere sehr dankbar über deine Tipps.

Religionszugehörigkeit
Die Ausübung der Religion beeinflusst das Leben mehr, als du zuerst annimmst. Manche glauben, dass gelebte Religion zeitlich wie das Ausüben eines Hobbys einzuordnen ist. Aber das stimmt nicht, weil meine religiöse Überzeugung mein Menschenbild und mein ganzes Handeln bestimmt. Ein Hobby wie Tennisspielen kann man auch mal jahrelang nicht ausüben. Das würde dann meine Persönlichkeit nicht unbedingt ändern. Aber bei der Religion ist das anders. Es ist wichtig, in Weltanschauungsfragen ähnliche Meinung zu haben, sonst wird es immer wieder zu Auseinandersetzungen kommen.

Wie könnte der Schulabschluss und der Beruf deine Beziehung beeinflussen?

Ein Mann erzählte mir, dass er offen zugebe, sich eine Frau mit einer geringeren Ausbildung gesucht zu haben. Er wollte gerne eine Frau, die bereit sei, bei den Kindern zu Hause zu bleiben. Bei einer Frau mit höherer Bildung habe er Bedenken gehabt, dass sie dann nur noch ihre Karriere im Auge gehabt hätte.

Andere wiederum suchen Personen mit ähnlichen Schulabschlüssen. Sie wollen über alles miteinander reden können und sich auch intellektuell in nichts nachstehen.

In 99% der Fälle sagen Jugendliche, dass es ihnen vollkommen egal ist, welchen Schulabschluss der Partner hat. Erst wenn sie weiter darüber nachdenken, merkt man, dass es vielleicht doch nicht so einfach ist. Wenn einer nach dem Abitur ein Studium abgeschlossen und der andere eine Lehre gemacht hat, können dadurch Spannungen auftreten, dass sich der mit der geringeren Berufsausbildung minderwertig fühlt. Besonders fällt ihm das im Umgang mit den Freunden des Partners auf. Sie sprechen über Dinge, die ihn nicht interessieren oder die er nicht versteht. Vor allem Männer tun sich damit sehr schwer. Im Stadium des Verliebtseins mag der Unterschied in der Schulbildung keinen Einfluss spielen, aber später vielleicht umso mehr.

Je länger eine Partnerschaft dauert, desto schwieriger können große Unterschiede sein.

Ich denke an ein Ehepaar. Sie hatte studiert und arbeitete als Journalistin, er war Fliesenleger. Sie hatten 3 Mädchen. Anfangs hatte sich die junge Frau in die sportliche Art ihres Freundes verliebt. Er war groß, gut aussehend und war begeisterter Wasserballer. Er wiederum liebte an ihr, dass sie mehrere Sprachen konnte und alle gemeinsamen Reisen organisierte. Trotz Warnung der Eltern und Freunde heirateten sie. Schon im ersten Jahr nach der Hochzeit kamen ihr die ersten Zweifel, ob das so richtig war. Aber nun war sie schwanger und freute sich aufs erste Kind. Im Laufe der nächsten Jahre ärgerte sie sich immer öfter, wenn sie wieder Papiere und Anträge ausfüllen musste oder die gemeinsame Steuererklärung machte. Er meinte immer nur, dass sie das besser könne. Er schien sein Leben zu genießen, arbeitete und trieb Sport. Er machte keine Anstalten, sich für Politik, Kultur oder neue Sprachen zu interessieren. So wurde sie immer unzufriedener, zog sich gefühlsmäßig zurück und reichte schließlich die Scheidung ein. Er verstand die Welt nicht mehr und meinte nur: »Was habe ich denn falsch gemacht? Du wusstest doch, wer ich bin. Ich habe mich doch nicht verändert. Warum genüge ich dir auf einmal nicht mehr?«

Mein Vater hat während seiner 30-jährigen Berufstätigkeit als Landarzt nur ein Ehepaar erlebt, das miteinander glücklich blieb, obwohl die Frau einen wesentlich höheren Bildungsstand hatte. Alle anderen Ehen wären früher oder später geschieden worden.

So wie die Bildung das Alltagsleben ganz massiv beeinflusst, ist es auch mit dem Beruf. Die meisten jungen Menschen glauben, dass es vollkommen egal ist, welchen Beruf der Ehepartner haben wird.

Was denkst du, welchen Einfluss der Beruf auf eine Partnerschaft und die Dauer einer Ehe hat?

Es gibt Berufsgruppen, bei denen in viel größerem Prozentsatz Scheidungen vorkommen als in anderen. Fernfahrer-Ehen haben oft ganz schlechte Chancen. Viele Ehepaare trennen sich, weil sie es nicht aushalten, über viele Tage immer wieder getrennt zu sein. Schau dir den zukünftigen Beruf deines Freundes/deiner Freundin genau an.

Wenn du eine Krankenschwester heiratest, musst du einwilligen, dass sie im Schichtdienst arbeitet. Wenn ihr zusammen jeden Montagabend Skigymnastik machen wollt, kann sie nur jeden zweiten bis dritten Abend mitgehen. Geburtstagsfeiern am Wochenende? Jedes zweite Wochenende wird sie Dienst haben und du wirst allein feiern müssen oder zu Hause bleiben.

Heiratest du einen Pfarrer, hängt an ihm eine ganze Gemeinde.
Wählst du einen Arzt, bist du oft eine allein erziehende Mutter, wenn er Dienst hat oder auf Kongressreisen geht.

Nur wenn du zum Beruf deines zukünftigen Partners und den damit verbundenen Nachteilen »Ja« sagen kannst, hat eure Ehe eine Chance.

Welche Auswirkungen auf eine spätere Ehe können sexuelle Erfahrungen als Jugendlicher haben?
Ausführlich werden wir in Kapitel 5 und 6 darauf eingehen. An dieser Stelle nur einige Gedanken. Das Gehirn eines Menschen kann man mit der großen Festplatte eines Computers vergleichen, auf der alles gespeichert wird, was wir im Laufe der Jahre erleben. Manchmal denken wir, dass wir vieles vergessen, aber es ist oft nur im Unterbewusstsein und wird in bestimmten Situationen wieder neu ins Bewusstsein geholt. So ist das auch mit den sexuellen Erfahrungen. Viele Ehepartner beklagen, dass frühere sexuelle Beziehungen sich negativ auf die eheliche Sexualität auswirken würden, weil sie vergleichen könnten. Besonders wenn die Sexualität mit anderen als sehr schön empfunden wurde, ist es manchmal nicht so einfach, diesen Bereich mit einem anderen Menschen als genauso erfüllend zu erleben. Es ist einfacher, wenn keine Vorerfahrungen da sind und man gemeinsam die Sexualität entdecken kann. Umgekehrt gilt auch: Wenn man in früheren Beziehungen auf sexuellem Gebiet verletzt wurde, kann das zu Blockaden führen, die eine sexuelle Hingabe an den anderen erschweren können.

Hast du Vorbilder für gute Ehen?
Der Mensch lernt am Vorbild. Viele Prägungen nimmst du aus deinem Elternhaus mit, ob du willst oder nicht, ob es dir gefällt oder nicht. Auch wenn du früh die Entscheidung triffst: »Ich will nie so werden wie meine Mutter oder wie mein Vater.«, wirst du vielleicht später feststellen, dass du doch so wurdest wie deine Eltern. Es ist wichtig, sich darüber klar zu werden, welche Prägungen du auch zum Thema Ehe bekommen hast, weil es dein Leben beeinflussen wird. Wenn du in einem geschiedenen Elternhaus groß geworden bist oder in einer Patchworkfamilie oder einer Familie, in der viel Streit war, hast du unbewusst vielleicht verinnerlicht, dass Ehe

Aber man kann fast alles im Leben lernen, auch Partnerschaft.

nicht auf Dauer lebbar ist, nach dem Motto: »Meine Eltern haben es nicht geschafft, wie soll ich es schaffen.« Suche dir gute Vorbilder – Onkel und Tante, Lehrer, Freunde – und verbringe viel Zeit mit ihnen und lerne von ihnen. Es ist wichtig, andere zu fragen, wie sie Freundschaft, Partnerschaft und später Ehe leben. Oft sind die Paare am hilfreichsten, die ca. 5-10 Jahre älter sind, sozusagen die Zwischengeneration zwischen dir und deinen Eltern. Sie sind dir ein Stück voraus und können sich trotzdem gut in dich hineinversetzen.

Auch Bücher oder Seminare können eine gute Basis für stabile Partnerschaften legen. Denke daran: Du bist nicht alleine auf der Welt mit solchen Problemen!

Kapitel 3

Vom Ich zum Du – Wie entsteht eine Beziehung?

Keine Zeit im Leben des Menschen ist von so starken Gefühlsschwankungen begleitet wie die Pubertät. Es ist ein Auf und Ab. Mal fühlt man sich erwachsen und auf Wolke sieben, dann wieder ganz unten und möchte am liebsten nicht mehr leben. In dieser Zeit sucht man oft das große Glück in einer Beziehung zum anderen Geschlecht. Verliebt sein, Freundschaften anfangen und oft innerhalb weniger Tage oder Wochen wieder beenden, gehört genauso dazu, wie mit dem Gefühl umzugehen, begehrt oder nicht begehrt zu sein. Der Gruppendruck, nur etwas zu sein, wenn man auch eine Beziehung vorzuweisen hat, führt manchmal eher in ein Gefühlschaos als in das ersehnte große Glück.

Wie entsteht eine Beziehung und was macht eine Beziehung zu einer tragfähigen Partnerschaft?

Dazu werde ich die vier verschiedenen Arten der Liebe, die den Bau einer Beziehung beeinflussen, vorstellen:

- Freundschaftliche Liebe
- Verliebtsein
- Selbstlose Liebe
- Sexuelle Liebe

Freundschaftliche Liebe

Jungen und Mädchen wachsen heute gemeinsam auf. Die Geschlechter werden meistens nicht mehr getrennt, wie es früher noch üblich war. In Kindergarten und Schule spielen und lernen sie gemeinsam. Auch in einem Verein, während der Ausbildung oder in einer Jugendgruppe gehen viele Jungen und Mädchen wie Geschwister miteinander um. Oft entwickeln sich sehr gute Freundschaften.

Verstehen und verstanden werden
Klausuren werden gemeinsam vorbereitet und Fragen bei den Hausaufgaben geklärt. Man tauscht vieles miteinander aus, bespricht, welchen Stress man gerade mit Geschwistern und Eltern hat, versteht und wird verstanden.

Gemeinsame Unternehmung
Man lädt sich zu Geburtstagen ein, geht gemeinsam ins Kino, trifft sich zu Videoabenden, teilt Hobbys und Interessen miteinander. Es tut gut, die Zeit mit dem anderen zu verbringen.

Aus einer so tiefen oft über Jahre bestehenden Freundschaft kann später eine Ehe werden. Freundschaft ist etwas, das Zeit braucht, um sich zu entwickeln. Ich kann nicht heute jemand kennen lernen und erklären: »Das ist mein Freund.« Freundschaft muss sich erst bewähren. »In der Not erkennt man den Freund«, lautet ein Sprichwort oder: »Ein Freund ist einer, der alles von dir weiß und dich trotzdem liebt.«

Es ist ein sehr gutes Fundament, wenn Männer und Frauen voneinander sagen können, dass sie gleichzeitig auch beste Freunde sind.

Leider werden freundschaftliche Beziehungen zwischen Jungen und Mädchen oft durch das Reden anderer zerstört. Besonders zwischen 12 und 16 Jahren ist es oft nicht einfach. Wenn dann an der Tafel steht: »Claudia und Michael sind ein Liebespaar.«, dann kann es schon mal passieren, dass die zwei ihre Freundschaft opfern, damit keine neuen Hänseleien an der Tafel stehen.

Verliebtsein
Manchmal kommt nach jahrelanger Freundschaft auf einmal ein neues Gefühl hinzu - das Verliebtsein. Plötzlich sieht man den anderen mit anderen Augen.

Oder es entsteht die berühmte Liebe auf den 1. Blick.

»Was ist Verliebtsein? Ist es wahre Liebe? Sollte ich die Freundschaft sofort beenden, wenn das Verliebtsein nachlässt?«, fragt sich so mancher Teenager.

Man ist verliebt, wenn man ...

- immer nur an den anderen denkt
- nie genug Zeit mit ihm verbringen kann,
- denkt, der andere sei fehlerlos.

Verliebte haben keine Lust, Hausaufgaben zu machen, den Müll hinauszutragen oder die Fische im Aquarium zu füttern. Solche unwichtigen Sachen haben im »Leben auf der Wolke« keine Bedeutung. Lieber träumt man davon, mit der Angebeteten zu tanzen, auch wenn sie gar nicht tanzen kann. Der andere ist fehlerlos. Niemals wird er mich verletzen oder verlassen.

Jeder Verliebte glaubt, dass seine Liebe etwas ganz Besonderes, etwas Einzigartiges sei.

Die amerikanische Psychologin Dr. Dorothy Tennov[2] und der amerikanische Psychiater Dr. M. Scott Peck meinen, dass man bei Verliebtsein aus drei Gründen nicht von wahrer Liebe sprechen dürfe:

Verliebtsein ist keine wahre Liebe,

- da es kein Akt der freien Willensentscheidung ist. Wir können uns nicht auf Kommando verlieben.
- da wir nichts dafür tun müssen. Teure Telefonate, Geschenke, immense Fahrkosten werden nicht als Opfer empfunden.
- da der Verliebte nicht an der persönlichen Entwicklung des anderen interessiert ist. Wenn wir verliebt sind, glauben wir, auf dem Höhepunkt des Lebensglücks angekommen zu sein. Wir wollen, dass sich nichts ändert. Der andere ist schon perfekt und soll so bleiben.

Sich verlieben geschieht einfach. Dieser Aspekt ist sehr wichtig, weil er für viele eine Entschuldigung dafür ist, in Beziehungen oder Ehen einzubrechen. Viele Prominente machen es Jugendlichen vor. Eine Frau verliebt sich in den Mann ihrer besten Freundin und meint damit eine Legitimation zu haben, auch mit ihm eine Beziehung einzugehen. Manche scheinen nach dem Prinzip zu leben: »Man lebt nur einmal, sollte ich dann nicht alles mitnehmen, was ich bekommen kann?«

Als ich 15 Jahre alt war, habe ich mir zwei Dinge vorgenommen:

- Ich will meiner Freundin nicht ihren Freund ausspannen, auch wenn ich mich in ihn verlieben sollte.
- Ich will keine Beziehung zu einem verheirateten Mann anfangen, auch wenn das für mich Verzicht bedeuten würde.

Trotz aller guten Vorsätze kann es aber passieren, dass du dich ausgerechnet in den Freund deiner besten Freundin verliebst.

Was kann ich also tun, wenn ich mich in den »Falschen« verliebe?

- Mach dir bewusst, dass du sicher auch nicht willst, dass man dir deinen Freund ausspannt.
- Gut zu wissen ist auch, dass Verliebtsein nicht ewig hält, sondern dass es ein flüchtiges Gefühl ist. Je weniger man an den anderen denkt und je seltener man ihn sieht, desto schneller hört das Verliebtsein auf. Wenn man dem Verliebtsein jedoch nachgibt, dann kommt man vielleicht nicht mehr davon los. Deshalb ist es besser, sich nicht mit diesem Menschen zu verabreden, auch wenn es noch so reizvoll wäre.

  Gegen das Verlieben kann ich nichts tun, aber umso mehr dafür, wie ich darauf reagieren sollte.

Ich kann nicht verhindern, dass Vögel über mir fliegen, aber ich kann verhindern, dass sie Nester auf meinem Kopf bauen.

Beziehungen eingehen und lösen

Die Zeit der Pubertät ist die Zeit der Suche, des Erfahrungenmachens, des Annäherns und Wiederlösens. Auch wenn dich vielleicht viel mehr interessiert, wie man eine Beziehung anfängt, so ist es doch genauso wichtig, wie man sie wieder beendet, ohne dass zu viele Verletzungen entstehen. Wenn du merkst, dass du der Freundschaft eigentlich keine Chance mehr gibst, dann sprich in Ruhe mit deiner Freundin oder deinem Freund. Trennt euch, bevor ihr euch durch Untreue verletzt.

Sehr hilfreich ist immer die Frage, wie du dich fühlen würdest, wenn deine Freundin/dein Freund dich betrügen oder dich nur noch hinhalten würde, obwohl schon lange keine Gefühle mehr vorhanden sind.

Verliebtsein ist ein wunderschönes Gefühl, aber man sollte es nicht mit wahrer Liebe verwechseln. Wenn das Verliebtsein schwächer wird, bedeutet das nicht gleich, dass man die Beziehung lösen muss. Wenn das Verliebtsein nachlässt, stellt sich die Frage, ob sich schon selbstlose Liebe entwickelt hat. Gib dem Verliebtsein den richtigen Stellenwert. Es kann dich davor bewahren, von Beziehung zu Beziehung zu gehen – immer auf der Suche nach dem Kick. Natürlich dürfen Freundschaften auch gelöst werden, wenn das Verliebtsein aufhört und du feststellst, dass du dir keine tiefere Beziehung vorstellen kannst.

Selbstlose Liebe

Selbstlose Liebe ist notwendig, damit eine Beziehung Stabilität erhält und auf Dauer eine Chance hat zu bestehen. Wenn ich selbstlos liebe, sehe ich nicht mehr auf mich und meinen eigenen Vorteil.

Wie geht es mir,

- wenn der andere mich verletzt hat,
- nicht pünktlich zu einer Verabredung kommt oder
- ausgerechnet an dem Tag krank wird, wenn wir gemeinsam einen Ausflug machen wollten?

Kann ich vergeben? Kann ich die Not des anderen sehen, ihn in seiner Krankheit trösten? Oder sehe ich nur auf mich und meine Enttäuschung?

Selbstlose Liebe

- Sie freut sich, wenn es dem anderen gut geht, auch wenn sie nichts davon hat.
- Sie gönnt dem anderen den Erfolg.
- Sie kann auf die Gegenwart des anderen verzichten, wenn es für ihn wichtig ist.
- Sie freut sich, wenn der andere die Chance hat, eine gewisse Zeit ins Ausland zu gehen.
- Sie akzeptiert, dass der andere für Prüfungen lernen muss.
- Sie schafft das Liebenswerte und entwickelt im anderen Eigenschaften und Fähigkeiten durch Ermutigung.
- Sie will Veränderung des anderen.

- Sie ist eine Willensentscheidung: »Ich will dem anderen treu sein, auch dann, wenn es schwer ist.«

Wahre Liebe hat sich entschieden, nicht weiterzusuchen, sondern gefunden zu haben.

Wahre Liebe hat sich entschieden, nicht weiterzusuchen, sondern gefunden zu haben. Selbst ein verlockendes Angebot kann wahre Liebe nicht erschüttern.

»Wie wäre deine Reaktion, wenn dir heute der absolute Traummann begegnen würde?«, wurde ich neulich gefragt. Knapp kam meine Antwort, wie aus der Pistole geschossen: »Ich würde mich nicht mit ihm treffen. Ich werde doch nicht das Leben von sieben Kindern, meinem Mann und mir aufs Spiel setzen, um einer Idee nachzulaufen! Denn den absoluten Traumpartner gibt es nicht.«

In Seelsorgegesprächen höre ich immer wieder: »Wenn ich gewusst hätte, dass ich in meiner jetzigen Beziehung ähnliche Schwierigkeiten wie in der davor bekomme, hätte ich die Beziehung nicht aufgegeben.«

Es ist wichtig, zu wissen, dass auch die Beziehung mit dem »Traumpartner« durch Höhen und Tiefen gehen wird, wenn das Verliebtsein nachlässt. Enttäuschungen gehören zu unserem Leben dazu. Je eher man eine realistische Einstellung zur Partnerschaft entwickelt, desto besser. Die Tiefen kann man auch als Krisen bezeichnen. In jeder Krise steckt die Chance zur Veränderung, die Möglichkeit einer neuen Tiefe in der Beziehung, die Gewissheit gibt, dass auch andere Krisen überwunden werden können.

Krisen in Teenagerfreundschaften

Sie können ausgelöst werden durch:

- Meinungsverschiedenheiten
- Enttäuschungen
- schlechte Noten in der Schule
- missglückte Bewerbungen
- vergebliche Ausbildungsplatzsuche
- längere Krankheit
- arbeits- und prüfungsbedingter Zeitmangel
- Praktika/Auslandsaufenthalte
- wiederholtes Nichteinhalten von Versprechen

- Eifersucht
- Lügen
- Treuebruch

Meinungsverschiedenheiten und Enttäuschungen sind bis zu einem gewissen Grad normal. Die Frage ist, ob man nach dem Streit immer wieder einen Weg zum Herzen des anderen finden kann.

Schlechte Noten, missglückte Bewerbungen oder vergebliche Ausbildungsplatzsuche können tiefe Enttäuschungen auslösen, da sie das Selbstwertgefühl des Menschen treffen. Oft gerät dadurch auch eine Freundschaft in die Krise.

In Zeiten von Krankheiten, arbeits- und prüfungsbedingtem Zeitmangel, Praktika und Auslandsaufenthalten kannst du dich fragen, wie wichtig dir dieser Mensch ist. Wie steht es um deine Gefühle, wenn du nichts vom anderen bekommst? Wenn der andere aber permanent keine Zeit für gemeinsame Unternehmungen hat, stellt sich die Frage, ob er an mir wirklich interessiert ist und ob ich damit auf Dauer umgehen kann.

Nicht eingehaltene Versprechen, Eifersuchtsszenen, Lügen und Treuebrüche wiegen schwerer. Es ist wichtig, über Verletzungen und Erwartungen zu reden, um Vergebung zu bitten und selbst zu vergeben. Bei wiederholten Treuebrüchen und Lügen ist es vielleicht besser, die Beziehung abzubrechen, da diese Verhaltensweisen oft schon lang eingeübte Haltungen im Charakter eines Menschen sind.

Sexuelle Liebe

Beim Abschnitt über das Verliebtsein habe ich darüber gesprochen, was Verliebtsein ist und welchen Stellenwert es in einer Beziehung hat.

Auch in der Sexualität erscheint es mir wichtig, eine realistische Vorstellung von sexueller Liebe darzustellen.

Sexualität betrifft den ganzen Menschen

Welche Filme und Zeitschriften haben dich schon geprägt, in denen eine einseitige Art von Sexualität dargestellt wird?

Bei James Bond beobachte ich, dass seine stets sehr gut aussehenden Partnerinnen immer Lust und nie ihre Periode haben. Der Sex ist immer wunderschön und um Verhütung müssen sie sich auch nicht kümmern.

Ein junges Mädchen kam nach einem Vortrag auf mich zu und sagte: »Genauso war's bei mir. So wie in einem James-Bond-Film wollte ich Sexualität erleben. Deshalb habe ich mit einem Jungen geschlafen. Hätte ich doch früher gehört, dass es diese Art von Sexualität nur im Film gibt.«

Die sexuelle Liebe ist etwas ganz Besonderes, aber auch sehr verletzlich. Sie braucht einen Schutzraum. Wir können mit ihr nicht beliebig machen, was wir wollen. Die sexuelle Liebe wird nicht immer gleich erlebt, auch dann nicht, wenn der Partner der gleiche ist. Auch hier gibt es Phasen, die sehr schön, und Phasen, die schwierig sind. Phasen der Enthaltsamkeit und Phasen der Vereinigung wechseln sich ab. Da der ganze Mensch beteiligt ist, haben Müdigkeit, Trauer, Mutlosigkeit oder auch Freude und Ausgelassenheit einen großen Einfluss auf das Erleben der Sexualität. Es braucht eine große Vertrautheit zwischen den Personen, um sich geborgen zu fühlen. Sexualität als Einswerden zweier Menschen bedeutet, dass zwei Menschen lernen, sich aufeinander einzustimmen, sich aneinander zu verschenken und über das Erlebte miteinander auszutauschen. Dazu ist eine Basis an freundschaftlicher und selbstloser Liebe wichtig. Da es nicht nur um die Erfüllung der eigenen sexuellen Bedürfnisse geht, sondern auch um die des Partners, braucht es eine gewisse Reife, die befähigt, nicht nur auf sich zu schauen, sondern auch auf das zu achten, was dem anderen gut tut.

Intimverkehr ist mehr als ein körperlicher Akt. Es betrifft den ganzen Menschen!

Sexuelle Erfahrungen prägen

Wie kann man eine erfüllte Sexualität in einer stabilen Partnerschaft erleben?

Folgende Fragen sind wegweisend: »Können voreheliche Erfahrungen mit einem oder mit mehreren Partnern der Erfüllung einer guten Sexualität im Weg stehen? Hat das, was ich mache, bis ich den Partner fürs Leben kennen lerne, Auswirkungen oder nicht? Wie gehe ich heute mit meiner Sexualität um?«

Immer wieder sagen mir Teenager: »Ich würde es gerne nur einmal ausprobieren, damit ich weiß, was Geschlechtsverkehr ist.« Glaubst du wirklich, dass du von einmal Ausprobieren erfasst, was der tiefe Sinn der Sexualität ist, dieses Sich-an-den-anderen-Verschenken? Und wie mag sich der andere fühlen, an dem ich Sexualität ausprobiert habe? Wird er sich benutzt fühlen, wenn er herausbekommt, dass ich ihn gar nicht persönlich gemeint habe?

Ich weiß nicht, wie du die Aufklärung in Kindergarten und Schule erlebt hast. Wie hat man dir die Technik des Geschlechtsverkehrs beschrieben? Was hat man dir alles über Sexualität erzählt? Was hast du gelesen oder in Filmen gesehen?

Immer wieder erfährt man, dass sich junge Menschen vor der Intimität fürchten oder sogar ekeln.

Wie kann man den reinen Vorgang der Sexualität auch ohne das Feuerwerk an Gefühlen verstehen? Denkst du auch, dass es normal ist, möglichst früh Erfahrungen auf diesem Gebiet zu sammeln? Tief in dir spürst du wahrscheinlich, dass es gut wäre, sich für den richtigen Partner aufzuheben, aber die anderen erzählen und drängen. Und wer will schon gerne Mauerblümchen sein? Jeder möchte gerne erwachsen wirken und mitreden können.

Von den 30 Schülern einer 10. Klasse diskutierten nur 3 Schüler mit mir zu dem Thema Freundschaft, Liebe und Sexualität. Die anderen hörten mehr oder weniger zu. Am nächsten Tag bat der Lehrer die Klasse, sich schriftlich zum Seminar zu äußern. Sehr bewegt las ich folgende Zeilen: »Danke, dass Sie der schweigenden Mehrheit den Rücken gestärkt haben. Die Auswertung ergab, dass sich die meisten nicht trauten öffentlich Stellung zu beziehen, aber sehr dankbar für Ihre Ausführungen waren.«

Mit sexuellen Erfahrungen wird oft angegeben

Es wird nirgendwo so viel gelogen wie auf dem Gebiet der Sexualität, hört man immer wieder. Besonders Männer scheinen damit anzugeben, mit wie vielen Frauen sie schon geschlafen hätten. Besonderen Eindruck macht dabei die Anzahl der Jungfrauen. Bei dieser Art von Männergesprächen wird man an das Vorzeigen von Jagdtrophäen erinnert. Es gibt unzählige Witze über dieses Gebiet. Oft wird die große Erfahrung aber nur vorgetäuscht.

Ich saß einmal in einer Runde von Jugendlichen, die mich davon überzeugen wollten, dass Geschlechtsverkehr zu jeder Freundschaft dazugehört. Sie schienen schon viel Erfahrung zu haben. Im Laufe des Gespräches kamen dann doch die ganz tiefen Sehnsüchte und Wünsche hervor. So meinten die Jungen, dass sie auch lieber ein Mädchen heiraten würden, das noch mit keinem anderen Jungen geschlafen hätte. Außerdem sprachen sie sehr abfällig über Klassenkameradinnen, die schon mehrere Freunde gehabt hatten. Ein Mädchen erzählte, dass ihr Bruder mit 13 Jahren von einer 18-Jährigen verführt worden wäre. Danach hätte er mehrere Mädchen gehabt. Als er dann Claudia ins Kino einladen wollte, sagte sie: »Nein, mit dir fange ich keine Beziehung an. Du hast schon mit so vielen anderen geschlafen.« Wir sprachen sehr ehrlich miteinander über beide Seiten der Medaille und ich habe sie darin bestärkt, ihren eigenen Gefühlen zu trauen. Jugendliche sind einem ungeheuren Druck ausgesetzt, den andere durch das, was sie erzählen und manchmal auch nur vorgeben, erlebt zu haben, auslösen. Am Ende des Gespräches sagte ein 16-Jähriger: »Jetzt bin ich aber richtig froh, dass ich auch noch ›Jungfrau‹ bin.«

Fragen stellen, Antworten suchen

Manchmal ist es wichtig, eine Person neben den Eltern zu haben - vielleicht die Patentante, den Bruder des Vaters, den Jugendleiter oder auch jemand, der Seminare zu dem Thema hält -, dem man alle Fragen stellen kann. Wem kann man vertrauen? Wie kann man das Gehörte verstehen? Ganz wichtig ist die Verschwiegenheit bei diesem sensiblen Thema. Meine Freundin schreibt sich mit ihrer Patentochter regelmäßig E-Mails. Jedes Mal wird betont, dass über den Inhalt nicht mit anderen geredet werden soll. So ist ein gutes Vertrauensverhältnis gewachsen.

Sicher kann dir diese Person auch helfen, das Erlebte richtig einzuordnen.

»Kondome kann man doch als Verhütungsmittel nicht verwenden, oder?«, fragte mich eine Teilnehmerin des Seminars unter vier Augen. »Wie kommst du darauf?«, wollte ich wissen. »Wir hatten vor ein paar Wochen einen ›Abigag‹. Auf jedem Platz lag ein Kondom und wir wurden aufgefordert, es aufzublasen. Alle Kondome sind geplatzt. Deshalb denke ich, dass Kondome nicht sicher sein können.«

Um es gleich vorwegzunehmen: Kondome sind ein sehr sicheres Verhütungsmittel und ein guter Schutz vor Geschlechtskrankheiten und Schwangerschaft. Aber sie sind kein hundertprozentiger Schutz. Es können Fehler bei der Herstellung oder Missgeschicke beim Überstreifen passieren. In Ausnahmefällen können sie auch mal platzen.

Kennst du einen Erwachsenen, mit dem du darüber reden kannst? Viele Jugendliche geben vor, schon alles zu wissen, und wenn dann die Eltern über das Kapitel Sexualität oder Verhütung sprechen wollen, winken ihre Teenies nur müde ab und meinen: »Ach Mama, ich weiß das doch schon alles und wahrscheinlich auch viel mehr als du.« »Papa, was willst du mir denn erzählen?«

Sei mal ehrlich: Gibt es nicht doch viele Dinge, die du noch nicht so sicher weißt?

Das Dreieck der Liebe

Die verschiedenen Liebesarten kann man in einem Dreieck anordnen.

Die Basis einer Beziehung sollte die selbstlose Liebe bilden. Von der Gewichtung her kommt darüber die freundschaftliche Liebe. Auf der nächsten Ebene steht das Verliebtsein und in der Spitze des Dreiecks die sexuelle Liebe.

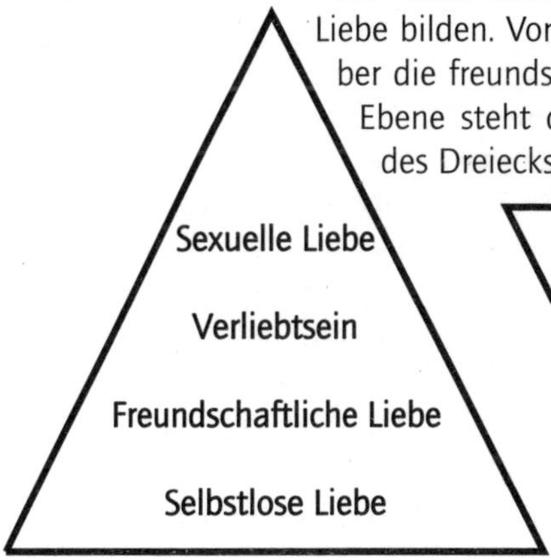

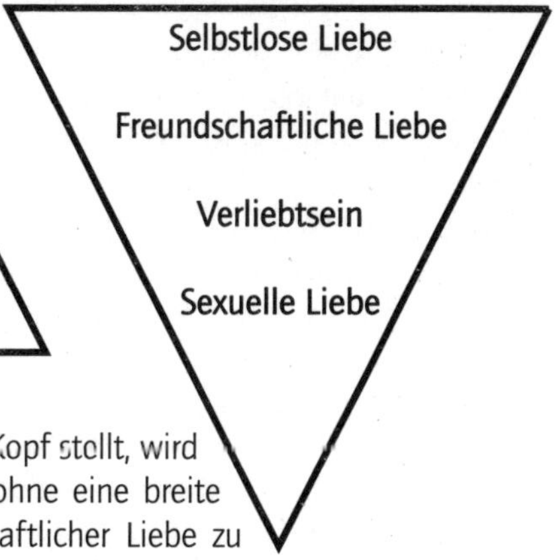

Wenn man das Dreieck auf den Kopf stellt, wird deutlich, was passiert, wenn man ohne eine breite Basis an selbstloser und freundschaftlicher Liebe zu früh Sex praktiziert: Das Dreieck kippt. Auf sexuelle Anziehung und das Verliebtsein allein kann man keine Beziehung aufbauen.

Getragen wird eine Partnerschaft durch Freundschaft und eine Liebe, die auch durch Krisen und Enttäuschungen hindurch trägt.

Kapitel 4

Wer prägt mich? – Die Welt, in der wir leben

Warum es wichtig ist, sich mit dem Thema dieses Kapitels auseinander zu setzen? Weil die Welt, in der wir leben, unser Denken, Fühlen und Handeln oft mehr beeinflusst, als wir wahrnehmen. Nur wenn wir uns das bewusst machen, sind wir auch in der Lage, uns für oder gegen den Einfluss zu entscheiden.

Massive Verunsicherung

- **Steigende Scheidungszahlen**

Ich bin in einer Kleinstadt mit 25 000 Einwohnern groß geworden und habe während der ganzen Schulzeit keine Ehescheidung im Verwandten- und Bekanntenkreis oder bei Eltern von Klassenkameraden erlebt. Als ich mit 25 Jahren heiratete, bin ich ohne Angst in diese Ehe gegangen. Ich kam gar nicht auf die Idee, zu überlegen, ob diese Ehe scheitern könnte. Ich war so geprägt, dass man heiratete und verheiratet blieb – bis zum Tod.

Bei der jetzigen Generation erlebe ich eine große Verunsicherung in diesem Punkt. Junge Leute haben Angst zu heiraten. Ihnen fehlt das feste Fundament, dass sie es »schaffen« können. Selbst Kinder, die in stabilen Ehen aufgewachsen sind, fragen sich: »Kann ich eine Ehe durchhalten?« Und Kinder aus geschiedenen Elternhäusern denken: »Meine Eltern haben es nicht geschafft. Warum soll es mir anders gehen?«

- **Offenerer Umgang bei Beziehungskrisen**

Kinder werden heutzutage viel mehr in Beziehungskrisen einbezogen, als das die Generation unserer Eltern mit uns getan tat.

Die Ehe war früher ein Geheimnis. Selbst beste Freunde hatten oft keine Ahnung, wie es um die Ehe der Menschen stand, mit denen sie viel zusammen waren. Man sprach nicht über Eheprobleme, man hielt sie irgendwie aus. Heutzutage werden Auseinandersetzungen vor den Kindern ausgetragen, teilweise werden die Kinder sogar mit einbezogen. Ich erlebe immer wieder, dass Teenager ihren Müttern oder Vätern eine Scheidung direkt raten, weil sie das Gefühl haben, diese gespannte Atmosphäre nicht mehr ertragen zu können. Jugendliche untereinander sprechen über die Eheprobleme ihrer Eltern und fühlen sich nicht selten schuldig an der Misere nach dem Motto: »Wenn ich nicht wäre, hätten sie nicht geheiratet. Wenn ich nicht wäre, hätten sie sich schon lange getrennt.«

Prominente in Politik, Wirtschaft und Kultur leben es uns anders vor. Ehescheidungen im Bekannten-, Freundes- und Verwandtenkreis kommen immer häufiger vor. Selbst in christlichen Gemeinden, denen man bisher immer attestiert hat, relativ scheidungsresistent zu sein, trennen sich Paare und lassen sich scheiden. Das macht Angst.

> Wie können junge Menschen heute daran glauben, dass lebenslange Partnerschaften möglich sind, wenn ihre Augen etwas anderes sehen?

Tiefer Wunsch nach eigener Familie

Trotzdem scheint ein tiefer Wunsch nach einer festen verlässlichen Partnerschaft in die jungen Leute jeder Generation gepflanzt zu sein. In den Jugendgruppen, die ich in Schulen und Gemeinden besucht habe, wollten über 90% heiraten. Eine allgemeine Umfrage belegt, dass der Wunsch nach Familie unabhängig vom Alter an oberster Stelle der Wunschliste steht. Befragt wurden 14- bis 60-Jährige[3]. Viele glauben an die große Liebe. Dabei ist es wichtig, den Jugendlichen ein realistisches, lebbares Bild von Partnerschaft aufzuzeichnen. »Ehen werden im Himmel geschlossen, aber auf der Erde gelebt«, hat einmal jemand gesagt. Es ist wichtig, keine überzogenen Erwartungen an Partnerschaft zu haben. Wenn Freundschaften geschlossen werden, sollte man sich unter anderem folgende Fragen stellen: »Passen unsere Vorstellungen vom gemeinsamen Leben zusammen? Kann ich die Berufsvorstellung meines Partners bejahen, unterstützen und mittragen? Wollen wir Kinder haben?« Fragen, die im Vorfeld einer dauerhaften Beziehung geklärt werden müssen. Besonders bei Freundschaften mit Andersgläubigen und Menschen aus verschiedenen Kulturkreisen ist es wichtig, sich ehrlich über die häufigsten Schwierigkeiten interkultureller Partnerschaften zu informieren.

Erziehung im Wandel

Trennung der Geschlechter

Zur Zeit unserer Eltern wurden Jungen und Mädchen meistens in Schulen streng getrennt erzogen. Gegenseitige Besuche fanden nur eingeschränkt statt und wurden streng überwacht. Erst im Tanzkursalter gab es erste Kontakte. Eltern und Gesellschaft waren sich einig, dass man mit dem Intimverkehr bis zur Ehe warten sollte, und so war es auch nur ausnahmsweise gestattet, als Junge mit einem Mädchen allein in einem Zimmer zu sein. Gemeinsame Urlaube oder das Übernachten in einem Zimmer wären nicht nur ein Skandal gewesen, sondern fielen sogar unter den Paragraphen der Kuppelei – und das war ein Strafbestand.

Antiautoritäre Erziehung, offene Ehe, freie Sexualität

Meine Generation erlebte dann die so genannte 68er-Revolution, in deren Folge Traditionen über den Haufen geworfen wurden. Die Ehe wurde für altmodisch erklärt. Offene Ehe, antiautoritäre Erziehung und freie Sexualität waren Schlagworte dieser Zeit. Es gab keine festlichen Feiern mehr für Schulabgänger, Beziehungen zwischen Eltern und Kindern zerbrachen, Kommunen entstanden. Es schien das große Zeitalter der Freiheit anzubrechen. Die freie Sexualität war in diesem Maß nur möglich, weil etwa zur gleichen Zeit von den Medizinern eine sichere Verhütungsmethode entwickelt wurde. 1960 kam die erste Antibabypille auf den Markt. Dadurch schien das Argument »Schlafe nicht mit einem Mann vor der Ehe, denn du könntest schwanger werden.« wegzufallen. Man probierte Ehe aus, lebte einfach so zusammen und glaubte, dass die sexuelle Freiheit die Erfüllung aller Wünsche sei. Fast 50 Jahre später erleben wir, dass die offene Ehe viele Menschen verletzt und sich die antiautoritäre Erziehung nicht durchgesetzt hat.

Jugendliche Sexualität wird für normal erklärt

Wie erzieht die heutige Generation ihre Kinder? Die meisten Eltern sind der Meinung, dass die Jugendlichen ihrem eigenen Fahrplan folgen sollten. Sie müssten selbst wissen, was für sie gut ist und wann sie mit dem Intimverkehr beginnen wollen. Außerdem seien sie ja durch die Schule gut aufgeklärt. Eltern wollen ihren Kindern nicht im Weg stehen. Freunde beiderlei Geschlechts dürfen oft schon früh in einem Zimmer übernachten.

Teenager entdecken die Enthaltsamkeit neu

Je mehr Erwachsene jugendliche Sexualität für normal halten, desto schwerer ist es für Teenager, sich für die große Liebe aufzuheben. Ich glaube, dass es mehr junge Menschen gibt, als wir denken, die eine Sehnsucht nach sexueller Unberührtheit in ihrem Herzen spüren, aber sich nicht unbedingt outen wollen, aus Angst verlacht zu werden. Es gehört sehr viel Selbstbewusstsein dazu, heute dazu zu stehen, Jungfrau zu sein und es auch bleiben zu wollen. Denn es scheint normal zu sein, wenn man eine Beziehung hat, auch sexuell eins zu werden. Jugendliche brauchen die Unterstützung der Erwachsenen, die es ihnen vorleben und ihre Fragen beantworten. Es gibt Organisationen wie »Wahre Liebe wartet«, die junge Menschen dazu motivieren, mit der Sexualität bis zur Ehe zu warten. Rainer Langhans[4], Mitbegründer der so genannten »Kommune 1«, einer Wohngemeinschaft der 68er-Generation sagte in einer Fernsehsendung voraus, dass besonders junge Menschen ganz neu wieder den Sinn der Enthaltsamkeit entdecken werden. Am tragfähigsten ist eine vom Jugendlichen aus Überzeugung gefällte Entscheidung. Eine 20-jährige Berufsschülerin gab zu dem Thema »Was mich an der Krankheit AIDS betroffen macht« Folgendes zu bedenken:

»Es macht mich betroffen, dass beim Thema AIDS in der öffentlichen Diskussion die Frage im Vordergrund steht, wie man sich technisch vor dieser Krankheit schützen kann: ›Vertrauen ist gut, Kondome sind besser.‹ Gibt es denn niemanden mehr, der uns Jugendlichen den Wert ehelicher Treue klar macht? Über Jahre wurde uns von Eltern, Lehrern und den Massenmedien erklärt: ›Tut, was euch Spaß macht. Lasst nur nichts aus.‹ Durch Jugendzeitschriften wie ›Bravo‹ wurde uns auch genau demonstriert, wie man das macht. Und wer mit dreizehn Jahren noch keinen Geschlechtsverkehr hatte, wurde als unnormal hingestellt. Wertvorstellungen und Ideale wurden verdreht. Was übrig bleibt, ist eine katastrophale Orientierungslosigkeit unter uns Jugendlichen.«

Einfluss der Werbung

Die Werbung hat einen großen Einfluss auf das, was wir denken und fühlen, auf unsere Sehnsüchte und Wünsche. Es ist erstaunlich, wie oft Werbung Bezug auf Beziehungen nimmt.

> Werbung hat großen Einfluss auf unsere Sehnsüchte und Wünsche.

Glücklich sein ...

- ... *aber nur kurz*

Eine Autofirma warb für Jahreswagen mit dem Slogan: »Die glücklichsten Beziehungen dauern bei uns nur 12 Monate.« 1/3 der Reklame nahm das Bild eines vornüber geneigten Mannes ein, der weinte und dessen Beziehung offensichtlich gerade zerbrochen war. Was wird uns durch solche Bilder suggeriert? Es gibt keine dauerhaften Beziehungen, glückliche schon gar nicht.

- ... *ohne Heirat*

Auf einer Postkarte las ich den Satz: Don't marry - be happy (Heirate nicht - sei glücklich). Nach dem Motto: Sei doch einfach so glücklich. Wozu denn heiraten?

Bei Scheidung gibt's Rabatt ...

- ... *auf den Möbelkauf*

Neulich warb ein großes Möbelhaus damit, bei Scheidung bis zu 20% Rabatt auf Möbel für den Neuanfang zu geben. Die Scheidungsurkunde müsste mitgebracht werden und dürfte nicht älter als ein halbes Jahr alt sein.

- ... *bei Festen*

Auf der Visitenkarte eines umgebauten alten Bahnhofs steht: Bei Scheidungsfeten geben wir Rabatt - versprochen.

Mein natürliches Empfinden sagt mir, dass Scheidung und Festefeiern nicht zusammenpassen. Es ist immer schmerzhaft, begreifen zu müssen, dass eine Ehe nicht mehr zu ertragen ist. Jede Beziehung hat mit Anziehung, Verliebtsein, Liebe, Sehnsucht, Träumen und Wünschen angefangen. Bevor so eine Beziehung vor dem Scheidungsrichter endet, gehen Menschen durch tiefe Krisen. Wenn ich immer wieder solche Reklametafeln lese, bekomme ich den Eindruck, dass Scheidung etwas Normales ist, das sogar gefeiert werden sollte.

Dreiecksbeziehungen

- *Lass dir nichts entgehen!*

Auf einer Brot-Verpackung stand der Werbeslogan: »Lass dir nichts entgehen, nimm beide.« Die Hersteller eines Brots und einer Margarine verlosten 10 Reisen zu dritt im Wert von 5 000 Euro und 23 Schlemmerorgien. Auf der Rückseite war in der Mitte ein Mädchen abgebildet, das rechts und links gleichzeitig von je einem Mann geküsst wurde. Sowohl die Reisen als auch die Schlemmerorgien waren jeweils zu dritt anzutreten.

- *Sei clever!*

Für ein gemeinsames Studentenabonnement einer Zeitung und eines Magazins hieß der Werbeslogan: »Wer clever ist, nimmt beide.« Über die Hälfte der Werbung nimmt ein Foto ein. Auf dem Foto sehen wir die Rückseite einer Bank, auf der rechts außen eine junge Frau neben zwei jungen Männern sitzt. Der blonde Junge neben ihr ist offensichtlich ihr Freund, denn er hat den Arm um sie gelegt. Sie ihrerseits hält mit der linken Hand hinter dem Rücken ihres Freundes die Hand eines dunkelhaarigen Mannes, der neben ihrem Freund sitzt.

Nach dem ersten Schmunzeln vergeht dem Betrachter spätestens dann das Lachen, wenn er sich in den mittleren Mann hineinversetzt, der betrogen wird. Wer möchte schon in einer Dreiecksbeziehung leben?

Verführung per Internet

Teenager – du vielleicht auch – sind sehr interessiert an allem, was man mit dem Computer machen kann. Wie schnell können wir dabei auf pornographische Seiten klicken und in Chaträumen in falsche Hände geraten. Ich habe eine E-Mail vor mir liegen, die sich an »Typen und Mädchen« richtet und sie einlädt, sich Life-Shows von allen möglichen abartigen Sexpraktiken anzuschauen.

Wo übernimmst du Verantwortung für das, was du dir anschaust? Aus der seelsorgerlichen Praxis ist bekannt, dass es Bilder gibt, die so einprägsam sind, das man sie hinterher nur sehr schwer wieder loswird. Wie kann sich Sexualität gesund zwischen zwei Menschen entwickeln, wenn schon so viele Bilder und Filmsequenzen vor dem inneren Auge gespeichert sind? Wie schnell gerät man in den Strudel der Sucht – immer geiler, immer abartiger, immer öfter.

Sex zu jeder Zeit und mit jedem

Eine auflagenstarke Zeitung warb mit eindeutigen Sprüchen und Bildern für:

- *Sex zu jeder Zeit:*

Man sah ein spärlich bekleidetes Mädchen, das ihre Brüste nur mit den Händen bedeckte. Im Hintergrund las man: »Mittags krieg ich Hunger. Auf Sex.«

- *Sex mit jedem:*

Oder man sah einen Kuss aus rotem Lippenstift auf nacktem Po mit dem Kommentar: »Der gehört meinem Schwager.«

Oder ein anderes Plakat zeigte einen schwangeren Bauch mit dem Untertitel: »Ich hab etwas gemeinsam mit meinem Chef: ein Kind.«

Beantworte doch bitte folgende Fragen:
- Was geschieht mit uns, wenn wir tagtäglich solchen Bildern und Werbeplakaten ausgesetzt sind?
- Warum werden Frauen als willige, allzeit bereite Sexualobjekte dargestellt?

Botschaften der Kondomwerbung

Kondomwerbung als Hilfe gegen AIDS ist an fast allen Litfass-Säulen und Werbeflächen präsent.

Die Werbung ist ideenreich und sehr kreativ. Aber wir wollen die Botschaften einmal kritisch hinterfragen:

- *Sex gehört vom 1. Tag der Freundschaft mit dazu.*

»Willst du mit mir gehen?«, wird auf einem Plakat zur Reihe »Gib AIDS keine Chance« gefragt. Und dann sieht man drei unterschiedliche Kästchen. Die linken zwei sind mit Kondomen unterschiedlicher Farbe gefüllt und das rechte Kästchen ist leer. Darunter steht : »Ja, Vielleicht, Nein.« Ich meine, dass diese Kondomwerbung euch in eine falsche Richtung leitet. Wenn ich zum ersten Mal ein Mädchen oder einen Jungen frage, ob er mein Freund sein möchte, bedeutet das, dass eine Zeit des Kennenlernens beginnt – und nicht, dass ich gleich beim ersten Rendezvous mit ihm ins Bett gehe. Ich würde mir wünschen, dass Erwachsene verantwortungsvoller mit Werbung umgehen.

- *Sex ist eine Art Hobby.*

»Go for Gold« zeigt eine Treppe für die Siegerehrung und auf Platz 1 liegt ein goldenes Kondom. Es vermittelt genauso wie das Plakat »Fair play«, auf dem ein Kondom über den Rasen springt, dass Sexualität eine Art Hobby ist. Das Einzige, was man dafür braucht, ist ein Kondom.

- *Sex als Fast Food*

Immer wieder wird uns vermittelt, dass der Geschlechtsverkehr eine Tätigkeit von kurzer Dauer ist und man die guten Gefühle sozusagen im Vorbeigehen mitnehmen kann. Besonders entdecke ich diese Botschaft bei den Plakaten »Quickie«, auf dem ein Kondom mit Düsenantrieb dahinsaust, und dem Plakat »Frühlingsgefühle«, auf dem ein Schmetterling dargestellt ist, wobei die 4 Flügelteile aus Kondomen gezeichnet sind.

- *Seitensprung macht Spaß.*

Ich frage mich, warum man auch Seitensprünge bewerben muss. Große Plakate laden mich ein: Oben links steht die Frage »Seitensprung?«. Und seitlich rechts hüpft ein knallgelbes Kondom aus dem Bild. Unten steht »mach's mit«.

Wollen wir Sexualität wirklich so darstellen? Wer vermittelt, dass durch Sexualität viel mehr passiert als beim Tennisspielen? Wer denkt darüber nach, dass Mann und Frau sich in der Sexualität ganz tief aneinander verschenken und die Sexualität eigentlich dazu dient, dass die Beziehung ganz eng wird und es eine besondere Liebe ist, die man nicht leichtfertig als Konsumgut darstellen sollte?

Zunehmende Sexualisierung unserer Gesellschaft

Die Entwicklung der zunehmenden Sexualisierung unserer Gesellschaft hat Dominik Klenk[5] in seinem Artikel »Abgekocht wie die Frösche« sehr treffend beschrieben.

»Wenn man einen Frosch ins heiße Wasser wirft, springt er sofort wieder heraus. Was aber passiert, wenn man ihn in wohlig lauwarmer Brühe auf die Herdplatte schiebt? – Der Frosch wird langsam abgekocht, und zwar ohne, dass er es merkt. Ganz ähnlich ergeht es uns. Wir sind im Laufe der Jahre abgestumpft und regen uns nicht mehr darüber auf, dass es kaum noch Autoreklame ohne halbnackte Mädchen auf den Werbeplakaten gibt. Langsam, aber systematisch wird seit gut drei Jahrzehnten die

Betriebstemperatur der Sexualisierung unserer Lebenswelt erhöht. Die Abkocher sind bekannt: das tägliche nackte Titelmädchen in der »Bild«-Zeitung, die Schmuddeltalkshow der Privatsender, riesenhafte Plakatwerbung in unseren Innenstädten und jetzt auch Sex im Big-Brother-Container. Die Methode zeigt Wirkung: Erfolgreich hat man den Massen vermittelt, sexuelle Schamgrenzen seien ein Zeichen für mangelnde Lebensbejahung. Mit Gewalt drängen jetzt pornographische Angebote via Internet in unser Leben. Kaum ein Mann, der mit dieser Versuchung nicht zu kämpfen hat. Darum ist es ein Milliardengeschäft. Nacktes an jeder Straßenecke gilt nicht mehr als anstößig.«

Seitensprünge werden «normal«

Neben der Plakatwerbung für Seitensprünge und Kondome bekommt man auch im Internet Hilfen für den Seitensprung. Da lädt die Seite »Lust auf was NEUES?« mit Hilfe eines verführerischen Mädchens ein.

Und Lokalzeitungen schreiben Berichte über Trainingslager für Seitensprünge. Der Anbieter verspricht, dass die Ratschläge in der Praxis geprüft seien.

Doch wer kümmert sich um die Hintergangenen?

Konsequenzen ziehen

Verantwortung übernehmen

Bei all den Einflüssen, die auf uns einströmen, bleibt es unsere Verantwortung, wie wir uns prägen lassen. Wir haben die Verantwortung für das, was wir sehen oder hören und auf welche Seiten wir im Internet gehen. Es wäre falsch, zu sagen: »Werbung ist schlecht. Computer muss ich verbannen. Zeitschriften darf man nicht lesen und Filme nicht ansehen.«

Mit den Medien richtig umgehen

Ich muss lernen, mit den Medien richtig umzugehen. Wenn ich feststelle, dass mir bestimmte Szenen in Filmen nicht gut tun, sie mich anschließend unruhig schlafen lassen oder ich sogar Alpträume bekomme, sollte ich die Verantwortung übernehmen und den Fernsehapparat ausmachen, auch wenn ich dann nicht weiß, wie der Film ausgeht! Ich habe in meiner Jugend Filme gesehen, aus denen mich einzelne Szenen jahrelang verfolgt haben. Es gehört mehr Mut dazu, aus dem Kino zu gehen, als in der Clique sitzen zu bleiben. Wenn man das Kino aber nicht verlassen will oder vielleicht auch nicht kann, da man den Film als Schulveranstaltung ansieht, so kann man wenigstens bei bestimmten Szenen die Augen schließen.

Schamgrenzen neu achten lernen

Wie oft gibt es Bettszenen in Filmen, die sehr erregend sind. Wie geht es dann mit den Gefühlen weiter? Man möchte mit einem Mädchen/Jungen schlafen. Dabei könntest du dich fragen: »Warum stellt man einen Topf mit Wasser auf eine Feuerstelle, wenn man gar kein kochendes Wasser haben will?« Übertragen auf unser Thema: »Wenn ich mich nicht durch den Geschlechtsverkehr anderer erregen lassen will, warum schaue ich dann hin?«

Sexualität heißt eigentlich Intimverkehr, also etwas Verborgenes, etwas, das nur zwei Menschen angeht. Wie schaffen wir es wieder neu, Schamgrenzen zu achten? Es ist nicht normal, anderen beim Intimverkehr zuzuschauen, auch wenn uns das besonders in Filmen vorgegaukelt wird.

Kapitel 5

Sex – na klar!

Wie geht es dir, wenn du darüber nachdenkst, ob es Argumente für Geschlechtsverkehr unter Teenagern gibt? Manchmal sagen Erwachsene: »Es gibt keine Gründe dafür.« Darauf möchte ich etwas provozierend antworten: »Dann würde es ja niemand machen.«

Es gibt Gründe. Es ist wahr, dass Sexualität Spaß macht, um nur einen zu nennen. Aber ist dieser Grund ausreichend, es deshalb auch zu tun?

Versuche einmal, ehrlich vor dir selbst darüber nachzudenken. Nur in der Auseinandersetzung mit Pro und Contra kannst du die für dich richtige Entscheidung treffen.

Gleichheits- und Gabenprinzip

Bevor wir uns näher mit den Gründen (von euch Teenagern) für Geschlechtsverkehr im Alter von 14 bis 17 Jahren befassen, möchte ich dir das Gleichheits- und Gabenprinzip erklären, das du in jedem Leben entdecken kannst und das uns oft unbewusst zu Handlungen bewegt.

Gleichheitsprinzip

Jeder Mensch hat den gleichen Wert

Das Gleichheitsprinzip bedeutet, dass alle Menschen gleich sind: Jeder Mensch besitzt vor Gott und auch vor dem Staat den gleichen Wert. Letzteres ist in der Präambel des Grundgesetzes und im Grundgesetz[6] Artikel 3.1 festgelegt. Ein Beispiel aus unserem täglichen Leben für das Gleichheitsprinzip ist eine Ampel. Die Ampel behandelt jeden gleich, egal ob er einen Ferrari oder einen Golf fährt, egal ob er reich oder arm ist, egal ob es eine Frau oder ein Mann ist. Bei Rot muss jedes Auto halten.

Oft verkörpert die Mutter eher dieses Prinzip in der Elternkonstellation. Sie kümmert sich um jedes Kind und versorgt die Kinder mit dem, was sie brauchen. Es ist wichtig, im Leben zu erfahren, dass jeder etwas zu essen bekommt, genug zum Anziehen hat und eine Schulausbildung erhält.

Jeder Mensch kämpft um Gleichberechtigung
Schon als Kinder kämpfen wir um diese Gleichberechtigung innerhalb der Familie, des Kindergartens und der Schule.

Geschwister kämpfen oft um die Liebe der Eltern und achten sehr genau darauf, dass sie gleich geliebt, sprich gleich behandelt werden. In der Schule achtet man auf die kleinste Bevorzugung des Lehrers und sucht stets die Gerechtigkeit. Wir sind alle empfindlich in diesem Bereich und brauchen die Erfahrung, dass unsere Bedürfnisse ernst genommen und gestillt werden.

Jeder Mensch möchte zu einer Gruppe dazugehören
Dieses Prinzip erklärt, warum der junge Mensch sich in einer Gruppe oder Clique geborgen fühlt und unter allen Umständen dazugehören will. Er will so sein wie alle. Er will gleich sein, nichts Besonderes und auch kein Außenseiter, einfach nur normal.

Gabenprinzip
Jeder Mensch ist anders
Das Gabenprinzip beinhaltet, dass jeder anders ist, jeder eine einzigartige Gabenkombination hat. Der eine ist sportlich, der andere musikalisch. Nicht alle werden gleich gefördert: mal ist es der Beste, mal der Schlechteste, mal der Sympathischste, mal der Schönste, mal der, der am besten reden kann. Ausnahmen bestätigen die Regel. Es gibt Wettkämpfe, der Beste sein zu wollen, und oft ist der Sieger der Bejubelte.

Jeder Mensch hat eine einzigartige Gabenkombination
Durch das Gabenprinzip lernst du, dass du eine einzigartige Persönlichkeit bist, und bekommst Mut, Individuum zu werden. Du darfst anders sein! Wichtig ist, dass die Bestätigung durch Autoritätspersonen kommt. Hier kommt dem Vater, den Lehrern und Jugendleitern eine besondere Rolle zu, euch jungen Menschen in eure Identität hinein zu begleiten.

Kennst du deine Gaben?

Gibt es jemand, der an dich glaubt? Das ist eine Voraussetzung, damit du Mut bekommst, anders zu sein.

Jeder Mensch braucht Kraft und Mut, seine Überzeugung zu leben

Dann kannst du zum Beispiel aufs Rauchen verzichten, obwohl es die anderen machen, und du kannst zu deiner Überzeugung stehen, dass Rauchen die Gesundheit gefährdet.

Wenn du in deiner Entwicklung, »Ich« zu werden, nicht gestärkt wirst, suchst du die Anerkennung der Gleichaltrigen um fast jeden Preis, oder? Dann bist du abhängig von der Meinung anderer bis dahin, dich selbst zu verleugnen. Keiner will auffallen, jeder will dazugehören, einer von ihnen sein. Du tust Dinge, die du eigentlich nicht willst, um anderen zu gefallen. Das Phänomen nennt man Cliquendenken.

Der Mensch zwischen Original und Kopie

Sag »Ja« zum Gleichheits- und Gabenprinzip in deinem Leben! Überprüfe deine Motive für Handlungen und triff gute Entscheidungen.

Jeder wird als Original geboren, aber leider sterben viele als Kopie. Denn wer ständig in den Spuren der anderen läuft, hinterlässt keine eigenen Spuren.

Kopieren ist nicht grundsätzlich falsch. Im Gegenteil: vieles lernt man am Vorbild. Wir dürfen aber nicht beim Kopieren stehen bleiben, sonst verpassen wir die Chance, eine einzigartige Persönlichkeit zu werden.

Teenagerargumente für Geschlechtsverkehr unter Jugendlichen

Teenager antworten auf die Frage, welche Argumente es für Geschlechtsverkehr unter Jugendlichen gibt, oft Folgendes:

- Alle machen es. Ich will mitreden können.
- Ich möchte Erfahrungen sammeln.
- Es macht Spaß. Ich habe Lust dazu.
- Die Gelegenheit war günstig.
- Es gehört zu einer Freundschaft dazu.
- Man fühlt sich erwachsen.
- Mein Partner drängt mich, ich habe Angst, ihn zu verlieren.
- Ich will keine Katze im Sack kaufen.

Ehrliches Hinterfragen dieser Argumente

Ich kann sehr gut verstehen, dass es nicht einfach ist, mit dem Ausleben der Sexualität zu warten. Auf der anderen Seite glaube ich, dass es wichtig ist, die Argumente ehrlich zu hinterfragen – immer unter dem Aspekt, ob mein Verhalten dem Ziel einer erfüllten Sexualität in einer dauerhaften Partnerschaft dient.

Alle machen es. Ich will mitreden können.

Gruppendruck, Mitreden können ist ein sehr großes Thema unter Teenagern. Als Jugendlicher möchtest du einer von vielen sein, dazugehören, in einer Clique anerkannt sein.

Wer hat als Erster ein Mädchen verführt? Wer hat am meisten Jungen geküsst? Man scheint in der Achtung der Gleichaltrigen zu steigen, wenn man als Erster dieses neue Gebiet erobert hat. Andererseits wird man gnadenlos für altmodisch erklärt, wenn man mit 14 Jahren sagt: »Ich will mich für den Mann oder die Frau aufheben, den/die ich einmal heiraten werde.« Das sei naiv, weltfremd und heutzutage nicht mehr zeitgemäß.

Diese Vorstellung erscheint wie eine Festung.

Möchtest du dich daran orientieren, was alle tun? Ist das dein Wegweiser?

Ist es dir egal, wenn dein Partner schon mit mehreren anderen vorher intim war?

Frag dich einmal ganz ehrlich: Möchtest du nicht auch einen Partner, der sich für dich aufgehoben hat?

Ich möchte Erfahrungen sammeln.

Neugier als Grund für Intimverkehr

Jeder Mensch, jede Generation hat ein Recht auf eigene Erfahrungen. Es ist gut und richtig, neugierig zu sein. Aber wir dürfen dabei unser Ziel nicht aus dem Auge verlieren, das Ziel einer erfüllenden Sexualität in einer stabilen Partnerschaft.

Neulich fragte mich ein Mädchen: »Ich möchte nur einmal mit einem Jungen schlafen.« Sie meinte damit, dass es ihr egal sei, mit wem. »Frau Horn, ich habe zwar jetzt verstanden, dass es sein könnte, dass ich geschlechtskrank würde, aber ich möchte es immer noch gerne ausprobieren. Würde es nicht reichen, gleich danach zum Frauenarzt zu gehen?«

Daraufhin habe ich sie gefragt: »Glaubst du, dass man erfassen kann, was sexuelle Liebe ist, wenn man nur einmal mit jemand geschlafen hat?«

Auswirkungen von guten Erfahrungen

Erfahrungen sammeln ist das Argument, das in keinem Seminar fehlt. Was bedeutet es für eine spätere Partnerschaft, wenn ich schon Erfahrungen gesammelt habe? Nehmen wir an, dass ein 16-Jähriger eine glückliche, intime Beziehung hat, vielleicht mit 18 Jahren noch eine und dann lernt er die Frau fürs Leben kennen. Was für Auswirkungen könnten die Erfahrungen haben?

In einem Seminar sagte ein mittlerweile verheirateter Mann: »Ich würde so gerne eine Sache in meinem Leben rückgängig machen. Warum habe ich nur mit so vielen Frauen geschlafen? Jetzt erkenne ich, dass gerade die schönen vorehelichen Erfahrungen mich heute daran hindern, eine gute Sexualität mit meiner eigenen Frau zu entwickeln. Immer wieder muss ich an die anderen denken, ob ich es will oder nicht.«

Auswirkungen von schlechten Erfahrungen

Wie wird man reagieren, wenn man verletzt wurde? Dann ist man sehr zurückhaltend bis abweisend in einer neuen Partnerschaft und Ehe. Nirgendwo ist Liebe und Hass – oder sagen wir besser Begierde und Ablehnung – so nah beieinander wie beim Intimverkehr. Menschen, die sich von der Begierde haben hinreißen lassen, mit der Freundin des Freunds zu schlafen, empfinden hinterher oft eine genauso große Abneigung. Die Lust ließ sie eine rosarote Brille tragen, die dann nach dem Geschlechtsakt herunterfällt. Dann ist man wütend auf die Frau, die keinen Widerstand leistete, oder auf sich selbst, weil man sich den Gefühlen so hingegeben hat. Ob die Beziehung zum Freund je wieder gekittet werden kann?

Es wird einem schlagartig bewusst, wie zerstörerisch Lust sein kann.

Ich glaube nicht, dass man vor der Ehe Erfahrungen haben muss, um später eine glückliche Sexualität leben zu können. Ich berate gerade wieder ein Paar, die beide vorehelichen Geschlechtsverkehr mit anderen Partnern hatten und darunter leiden, dass sie immer wieder an diese Ex-Freunde denken müssen.

Es macht Spaß. Ich habe Lust dazu.

Ohne Zweifel macht Sex sehr viel Spaß und es wäre fatal, wenn ich dir das ausreden würde. Oder sagen wir besser: Es kann sehr viel Spaß machen. Damit wären wir wieder beim Thema, ein realistisches Bild von sexueller Liebe zu haben. Sex kann Spaß machen - wenn auch nicht immer. Sex ist sehr abhängig von der momentanen Stimmung, der körperlichen Kraft, der Gesundheit, der Hormonlage der Frau und deshalb nicht immer gleich.

Kann man alles bekommen, worauf man Lust hat? Wie ist es mit der wichtigen Fähigkeit des Verzichts? Manche Mediziner und Lehrer beobachten, dass Sex wie eine Art Hobby gehandhabt wird. Es muss nur Spaß machen. Zwei, die noch nicht einmal eine Beziehung haben, schlafen miteinander, weil sie Sex haben wollen. Das geht so lange gut, bis einer von beiden mehr darin sieht.

Wie kannst du dann aber ein Leben lang treu sein, wenn du nach Lust und Laune lebst? Enthaltsamkeit ist eine wichtige Eigenschaft, die du auch im Sexuellen einüben solltest. Auch später wird es immer wieder Zeiten geben, in denen wir enthaltsam leben müssen: Schwangerschaft, Krankheit, Auslandsaufenthalte beruflicher Art. Wie hilfreich, wenn man als junger Mensch gelernt hat, dass Gefühle nicht das letzte Wort haben.

Es ist gut, wenn sich die Gefühle meinem Willen unterordnen können.

Die Gelegenheit war günstig.

Jugendliche schauen mich immer ganz ungläubig an, wenn ich davon spreche, dass man Geschlechtsverkehr planen kann. Sie wollen lieber alles dem Zufall und den Gefühlen überlassen. Man kann doch nicht technisch an die sexuelle Liebe rangehen, nach dem Motto: heute schalte ich das Radio ein. Entweder man ist in Stimmung oder nicht. Entweder die Gelegenheit ist günstig oder nicht. Entweder die Party ist gut und es entwickelt sich etwas oder nicht.

Trotzdem ist es so, dass auch der Geschlechtsverkehr, der zustande kommt, weil die Gelegenheit günstig war, zuerst mal im Kopf vorbereitet wurde. Jeder Geschlechtsver-

Nur wenn du es in Gedanken durchgespielt hast, bist du bei günstiger Gelegenheit bereit, es zu machen.

kehr beginnt im Kopf. Deshalb muss ich auch in Gedanken eine Entscheidung treffen, damit ich nicht von günstigen Gelegenheiten überrollt werde.

Warum werden Mädchen heute noch ungewollt schwanger? Was meinst du? Keine Generation vorher war so aufgeklärt und wusste so viel über Verhütung wie ihr.

Eine Antwort ist dann oft, dass die Gelegenheit günstig war und man gerade kein Kondom zur Hand hatte. Im Kopf spukte außerdem der Gedanke herum: »Beim ersten Mal passiert doch nichts.«

Es gehört zu einer Freundschaft dazu.

Viele Menschen würden sagen, dass das Ausleben von sexuellen Gefühlen mit zu einer Freundschaft zwischen Jungen und Mädchen gehört. Vordergründig ist auch nicht einzusehen, warum man diese wunderbaren Gefühle unterdrücken sollte. Doch bitte bedenke Folgendes: Wenn du sehr schnell intim wirst, entsteht eine Nähe und Bindung im Körperlichen, die es schwer macht, eine Lösung der Beziehung zu vollziehen. Auch dann, wenn du vom Verstand her weißt, dass es besser wäre. Außerdem kann die sexuelle Nähe verhindern, dass du eine freundschaftliche Liebe aufbaust und ihr euch besser kennen lernt, da ihr euch nicht so viel Zeit für Gespräche und Unternehmungen einräumt.

Man fühlt sich erwachsen.

Cool ist das, was Erwachsene tun und was man vielleicht vom Alter her eigentlich noch nicht darf. Grenzübertretungen und Mutproben stehen auf der Tagesordnung. Das fängt beim Rauchen oder beim Alkohol an und dazu scheint auch das Gebiet des Geschlechtsverkehrs zu gehören.

Eine Frau erobern, einen Mann verführen. So oft schon hat man es in Filmen gesehen, in Büchern gelesen. Man hat es sich oft ausgemalt, wie es sein wird, wer es wohl sein wird und wann es wohl sein wird - dieses erste Mal und dann geschieht es. Man kann es kaum für sich behalten, man möchte es der ganzen Welt mitteilen. Viele Eltern sehen es den Kindern an. Es scheint eine Zeitrechnung vor dem ersten Mal und nach dem ersten Mal zu geben. Jugendliche wollen erwachsen sein, sich als Mann und Frau fühlen, nicht mehr als Junge und Mädchen - und auf diese Weise drücken sie es aus.

Aber erwachsen sein kannst du noch das ganze Leben lang. Kindheit und Jugend umfasst nur ein kurze Spanne. Genieße die Zeit, wenn du noch nicht für jemand anderen so viel Verantwortung übernehmen musst!

Mein Partner drängt mich, ich habe Angst ihn zu verlieren.
Immer wieder wird dieses Argument gebracht. Druck und Erpressung sind aber mit Liebe nicht vereinbar.

»Wenn dein Freund jetzt schon mit Erpressung in der Beziehung arbeitet, dann ist es nicht der richtige Partner für dich.«

»Jeder Mann, der dich wirklich liebt, kann warten.«, sagte mein Vater. Ich würde dies genauso meinem Sohn sagen: »Jede Frau, die dich wirklich liebt, kann warten!«

Ich will keine Katze im Sack kaufen

Sexualität wird nicht immer gleich erlebt

»Ich möchte vorher wissen, ob wir sexuell zusammenpassen«, soll der Satz wohl aussagen. Die Aussage »Ich will keine Katze im Sack kaufen« lässt uns glauben, dass es nach einer Probezeit auf sexuellem Gebiet so etwas wie eine Garantie auf die nächsten 30-40 Jahre geben könnte. Einmal gut, immer gut. Dazu möchte ich einige Anmerkungen aus der Paarseelsorge geben. Es gibt Paare, die zu Beginn der Beziehung sehr gut im sexuellen Bereich harmonierten, aber dann nicht mehr. Manche fragen sich selbst, wo die gegenseitige Anziehung geblieben ist. Andere Paare tun sich am Anfang vielleicht schwer und erleben dann im Lauf der Zeit einen immer freier werdenden Umgang miteinander. Die Fähigkeit, sich dem anderen hinzugeben und Freude dabei zu empfinden, wird erst entdeckt und entwickelt sich im Lauf der Zeit erst richtig. Die sexuelle Liebe ist eine sehr empfindliche Liebessprache, die gut gepflegt werden muss, damit sie nicht verletzt wird und verloren geht. Sie ist sehr abhängig von Stimmungsschwankungen, dem Erleben von beruflichem Erfolg und Misserfolg und der Hormonlage. Verletzungen in diesem Bereich hinterlassen oft tiefe Wunden. Außerdem gibt es Zeiten der Enthaltsamkeit bedingt durch Krankheiten, Schwangerschaften, Entbindungen und Stillzeiten. Auch die Art der Verhütung kann einen großen Einfluss auf die sexuelle Lust haben. Über all das muss gesprochen werden. Es gehört eine große Vertrautheit dazu, sich ehrlich miteinander darüber auszutauschen. Die sexuelle Liebe ist etwas Besonderes, ein festes Band, eine einzigartige Liebe, die nur den beiden Eheleuten gehört und die sie mit niemand anderem teilen.

Der Sexualität den richtigen Stellenwert geben

Die Kernfrage ist, welchen Stellenwert die sexuelle Liebe im Zusammenleben zweier Menschen hat. Oder anders gefragt: »Wenn es nach fünf Jahren, aus welchen Gründen auch immer, im sexuellen Bereich nicht mehr klappen sollte – wäre das ein Grund die Beziehung zu lösen? Oder liebe ich den Menschen trotzdem?«

Ist das Versprechen, dem anderen in guten und in schlechten Tagen treu zu sein, ehrlich gemeint und bezieht es sich auch auf den sexuellen Bereich? Ist unsere selbstlose Liebe stark genug, Durststrecken auf sexuellem Gebiet durchzustehen? Wäre ich bereit, auf diesem Gebiet Hilfe in Anspruch zu nehmen? Es gibt sehr gute Bücher, Seminare, Seelsorgeangebote bis hin zu Ärzten und Psychologen, die auf dem Gebiet der sexuellen Störungen einen Schwerpunkt haben.

Manchmal kommt es mir so vor, als ob die Sexualität einen viel zu hohen Stellenwert in unserem Leben hat. Wir werden durch die Medien darüber informiert, wie oft man als deutscher Mann pro Woche Geschlechtsverkehr hat oder haben sollte und ob man im Vergleich mit Franzosen und Italienern eher liebesmüde oder ein feuriger Liebhaber ist. In Filmen und Zeitschriften werden alle möglichen Techniken und Variationen vorgestellt. Dies kann zu Leistungsdruck führen.

Probezeit mit anschließender Erfolgsgarantie nicht möglich

Wenn ich wüsste, dass mein Freund jetzt mit mir schlafen wollte, nur um zu wissen, ob es in der Ehe auch klappt, würde ich mich wahrscheinlich total verkrampfen.

Ich kann eben nicht alles vorher absichern. Sonst sagt der Nächste: »Ich heirate dich erst, wenn du auch Kinder bekommen kannst. Bevor du nicht schwanger geworden bist, bestellen wir kein Aufgebot.«

Genauso wenig wie man auf sexuellem Gebiet eine Probezeit mit anschließender jahrzehntelanger Garantie erwerben kann, genauso wenig kann man Ehe ausprobieren. Wie ist es sonst möglich, dass Frauen und Männer längere Zeit unverheiratet zusammenleben, dann heiraten und sich nach ein paar Jahren wieder scheiden lassen? Ob eine Ehe trotz Krisen weiter Bestand hat, ist abhängig von dem festen Entschluss: »Ich will dir treu sein, ich will mit dir durch dick und dünn gehen.« Ich sage nicht beim Eheversprechen: »Ich will bei dir bleiben, solange es gut geht.« Sondern: »Ich will bei dir bleiben in guten und in schlechten Tagen, bis dass der Tod uns scheidet.«

Kapitel 6

Sex – was man wissen sollte

Als Jugendlicher wirst du nun zunehmend auf allen Gebieten mehr Eigenverantwortung bekommen. Nur wenn du umfassend informiert bist, kannst du gute Entscheidungen für dein Leben treffen.

Ich will dir nichts wegnehmen, sondern dir helfen, deinen Traum von einer erfüllenden Sexualität nicht vorzeitig zu zerstören.

Das Ausleben der Sexualität setzt eine gewisse Reife voraus

Wie würdest du auf folgende Ankündigung reagieren?

»Ich möchte, dass das Alter für den Führerschein auf 14 Jahre herabgesetzt wird. Die Technik des Autofahrens ist auch für 14-Jährige gut zu beherrschen.«

Interessanterweise würde kaum ein Jugendlicher das Alter für den Führerschein herabsetzen. Sie spüren das Potential des Missbrauchs, wenn man 14- bis 17-Jährigen schon den Führerschein anbieten würde. Was meinst du, warum der Gesetzgeber – von Ausnahmen abgesehen – erst 18-Jährigen erlaubt, ohne Begleitperson Auto zu fahren?

Folgende Einwände werden häufig genannt:

- Viele Jugendliche würden das Autofahren zum Abreagieren von Aggressionen, zu Mutproben und Wettfahrten nutzen.
- Teenager können Gefahren noch nicht richtig einschätzen oder würden sich selbst und andere gefährden.
- Jugendliche brauchen eine gewisse Reife, um auf Alkohol zu verzichten, wenn alle auf Partys trinken und sie versprochen haben, die Freunde nach Hause zu fahren.
- Jugendliche können nicht zur Rechenschaft für ihr Handeln gezogen werden, da man erst als 18-Jähriger strafmündig ist.

Zusammenfassend wird die fehlende Reife der Teenager als Grund angeführt, warum man die Altersgrenze für den Führerschein nicht herabsetzen sollte.

Der Staat hat die Aufgabe, seine Bürger zu schützen, wenn nötig auch voreinander. Im Straßenverkehr tragen wir nicht nur die Verantwortung für unser eigenes Leben, sondern auch für das Leben der anderen. Somit kann man gut verstehen, warum man erst mit 18 Jahren allein Auto fahren darf und warum die Auflagen für den Führerschein so hoch sind. In vielen Theorie- und Praxisstunden erlernt man die Regeln des Straßenverkehrs und man erfährt sehr genau, was passieren kann, wenn man die Regeln verletzt.

Bei einem Unfall können außer mir, Mitfahrer, Unbeteiligte und Unfallgegner verletzt oder sogar getötet werden.

Die Situation im Straßenverkehr kann man sehr gut auf die Sexualität übertragen. Auch hier gilt es, bestimmte Verhaltensregeln zu erlernen und zu beachten, um mich und den anderen möglichst zu schützen. Und ich muss ebenfalls bereit sein, die Konsequenzen meines Handelns zu tragen.

Bei allen Pro- und Contra-Argumenten wünsche ich dir ein Elternhaus oder andere Erwachsene, die immer eine offene Tür für dich haben - egal, wie du dich entscheidest.

Eine Jungfrau/ein junger Mann ist wie eine noch nicht geprägte Münze. Der erste Geschlechtsverkehr kann die Münze unvergesslich prägen

Der erste Geschlechtsverkehr ist ein sehr prägendes Erlebnis. Viele Menschen können sich noch genau an das »erste Mal« erinnern. Sie können den Ort genau beschreiben, wo es stattfand, wissen, welche Kleidung sie trugen und wie sich die Zeit vorher gestaltete.

Urologen berichten, dass nicht nur Frauen, sondern auch Männer durch das erste Mal sehr geprägt werden können. Immer wieder werden sie von jungen Männern in der Sprechstunde aufgesucht, die ihr »erstes Mal« in schlechter Erinnerung haben. Nun haben sie Angst davor, wieder zu versagen. Auf Nachfragen erfährt man dann öfters, dass sie in ihrer Jugend überredet wurden, mit einem Mädchen intim zu werden. Sie selbst waren aber noch gar nicht so weit - was sie aber nicht zugeben wollten.

Warum werden sexuelle Erfahrungen oft so tief in unsere Erinnerung eingegraben?

Wissenschaftler haben herausgefunden, dass jede Erfahrung, die mit einem Gefühl verbunden ist, im Gehirn gespeichert wird. An welche Ereignisse aus der Kindheit kannst du dich erinnern? Oft sind es Erlebnisse, die mit starken Gefühlen wie Wut, Hass, Scham oder Liebe verbunden sind. Andere Erfahrungen werden oft leichter vergessen. Dies erklärt, warum wir die sexuellen Erlebnisse, egal ob sie positiv oder negativ waren, so lange behalten.

Claudia erzählte mir folgende Geschichte:

Ich hatte mir fest vorgenommen, bis zur Ehe zu warten. Der Druck in der Klasse nahm aber immer mehr zu, bis wir schließlich in der 13. Klasse nur noch zwei »unberührte« Mädchen waren. Eines Tages hielt ich es nicht mehr aus. Ich wollte auch mitreden können und schlief mit meinem Freund. Kurz darauf ging die Freundschaft in die Brüche. Als ich ein Jahr später einen jungen Mann kennen lernte, der mir sehr gefiel, erkannte ich, dass die sexuellen Erfahrungen mich mehr geprägt hatten, als ich wahrhaben wollte.

Weißt du von dem prägenden Einfluss des ersten Mals?

Man macht sich sehr verletzlich

Die sexuelle Liebe ist wie eine Rose

Manche vergleichen die körperliche Liebe mit einer Rosenknospe, deren Schönheit sich nur unter optimalen Bedingungen entfaltet. Eine Rose braucht Sonne, frisches Wasser und Nährstoffe. So ist es auch mit der sexuellen Hingabe, die sich in einem geschützten Raum am besten entwickelt, in dem es Liebe, Annahme, Sicherheit und Entscheidungsfreiheit gibt. Oft braucht es einen jahrelangen Prozess, sich selbst und den anderen kennen zu lernen und die Freiheit zu bekommen, sich über das Erlebte miteinander auszutauschen. Liebe lässt dem anderen Zeit, fordert nicht, sondern lädt ein und bittet. Liebe akzeptiert ein »Nein« und hält es aus, wenn der andere Zeit für sich braucht. Sexuelle Liebe schließt die Fähigkeit ein, nicht nur sich und die Erfüllung der eigenen Wünsche zu sehen, sondern auch die des anderen.

Die sexuelle Liebe ist wie eine Perle innerhalb einer Muschel

Ein anderes treffendes Bild beschreibt die sexuelle Liebe wie eine Perle innerhalb einer Muschel. Erst lernt man das Äußere eines Menschen kennen. Das Innerste vertraue ich jedoch nur einem Menschen an, der auch bereit ist, sich in einem Willensakt für die Treue zu entscheiden. In der Sexualität öffne ich dem anderen mein Innerstes.

Ich mache mich dadurch sehr verletzlich.

Frage dich selbst einmal: »Kann der andere liebevoll mit meinen Gefühlen umgehen? Kann er Geheimnisse für sich behalten? Wie würde er mit dem Erlebten umgehen, wenn wir verschiedener Meinung sind? Wie sind die Motive, um mit mir zu schlafen? Meint er wirklich mich? Oder bin ich austauschbar? Was würde geschehen, wenn ich ihm sagen würde, dass ich ihn zwar sehr liebe, aber nicht mit ihm schlafen möchte?«

Hat der andere schon die Reife, liebevoll mit meinen Gefühlen umzugehen?

Es besteht die Gefahr benutzt zu werden und den anderen zu benutzen

Sexualität ausprobieren - egal mit wem

Es gibt viele Jugendliche, die Sex gerne mal ausprobieren wollen. So kann es passieren, dass Tobias mit Julia schläft, sie aber nicht wirklich meint. Es wäre ihm ziemlich egal gewesen, mit wem er geschlafen hätte - ob mit Julia, Anne oder Marie. Er wollte Erfahrungen sammeln und mitreden können.

Überlege einmal: Was ist das für ein Gefühl, wenn man nicht als Mensch begehrt und geliebt ist, sondern wenn der andere nur Sex haben wollte? Muss das nicht sehr wehtun, wenn man sich benutzt fühlt?

Behandele die anderen so, wie du selbst gerne behandelt werden möchtest!

Manche Argumente lösen sich in Luft auf, wenn man sich in die Lage des anderen versetzt.

Sexualität als Liebesbeweis einfordern
Manchmal hört man auch den Satz: »Wenn du mich wirklich liebst, dann schläfst du mit mir.«

Meine Eltern baten mich an meinem 15. Geburtstag zu einem Gespräch. Ein Satz meines Vaters blieb mir bis heute im Gedächtnis. Er sagte: »Jeder Mann, der dich wirklich liebt, kann warten. Und ich weiß, wovon ich rede. Ich war auch mal jung und weiß, wie schwer es ist. Aber es ist möglich. Ein Mann, der dich liebt, achtet deine Grenzen und Wünsche. Lass dich nicht erpressen. Ein Mann, der dich unter Druck setzt, disqualifiziert sich selbst und ist garantiert nicht der Richtige. Wie soll das in der Ehe werden, wenn er dich schon in der Freundschaftsphase bedrängt. Wahre Liebe bittet und hat Geduld.«

Ein Mann, der dich unter Druck setzt, disqualifiziert sich selbst!

Immer wenn Druck aufgebaut wird, besteht die Gefahr des Benutzens oder Benutztwerdens.

Auch für Jungs gilt: »Jedes Mädchen, jede Frau, die dich wirklich liebt, kann warten.« Mädchen sind in den letzten Jahrzehnten aktiver geworden. Sie warten nicht mehr unbedingt, bis der Junge den ersten Schritt macht. Sehr selbstbewusst sprechen sie die jungen Männer an, verabreden sich mit ihnen und verführen sie.

Deshalb: Du hast auch als Junge das Recht, »Nein« zu sagen.

Es gibt eine Organisation, die »Wahre Liebe wartet«[7] heißt. Sie lädt junge Leute ein, die Entscheidung, bis zur Ehe mit dem Geschlechtsverkehr zu warten, mit einer Unterschrift festzumachen und die unterschriebene Karte entweder aufzubewahren oder an die Organisation zu schicken. Würde es dir helfen, dich per Unterschrift zu entscheiden?

Die 16-jährige Andrea hatte die Karte schon als 15-Jährige ausgefüllt und an ihre Pinnwand gehängt. Jetzt hatte sie seit einem halben Jahr einen festen Freund. Die Mutter fragte sie eines Tages: »Willst du die Karte weiter in deinem Zimmer hängen lassen?« Daraufhin sagte Andrea: »Ja, dann weiß er gleich, wo er dran ist, ohne dass ich groß etwas sagen muss.«

Auch ohne Unterschrift kann man Entscheidungen in seinem Herzen tragen.

Ich traf einen Mann, der erst mit 36 Jahren heiratete. Ich fragte ihn, warum es so lange gedauert hätte. Er war Gärtner und erklärte mir Folgendes: »Wenn ich in meinem Garten nur Platz für eine Eiche habe, dann warte ich bis ich die Eiche gefunden habe und pflanze nicht erst eine Linde, dann einen Pflaumenbaum und dann eine Erle. Ich warte. Bei mir war es so, dass ich eine Frau suchte, die bereit war, mit mir 10 Kinder großzuziehen. Es war ziemlich schwer, so eine Frau zu finden. Jetzt habe ich sie gefunden. Es hat sich gelohnt zu warten.«

Es kann passieren, dass man die Ganzheit des Menschen aus dem Auge verliert und sich aufspaltet

Ärzte, Eltern und Lehrer beobachten in der Generation zwischen 14 und 30 Jahren folgende Tendenz: Geschlechtsverkehr wird in den Stand eines Hobbys versetzt. Ein Hobby kann ich mit jedem, der es möchte, ausüben. Es sollte nur Spaß machen. Ein Junge sagt zu einem Mädchen oder auch umgekehrt: »Ich habe heute Abend Lust auf Sex! Du auch? Können wir uns um 19.00 Uhr treffen?« Sie schlafen miteinander, haben ihren Spaß und gehen wieder auseinander. Die Körper sind sich begegnet. Sie haben ihre Lust ausgelebt. Ein junger Student sagte dazu: »Das geht so lange gut, bis einer von beiden Gefühle entwickelt.«

Hier geschieht eine Aufspaltung: Sexualität als reine Lust, ein Ausleben des Sexualtriebs, ein Ausprobieren von Techniken.

Aber ich frage dich: Wie soll ein Mensch, der zehn Jahre nach dem Lustprinzip gelebt hat, später ein treuer Ehemann/eine treue Ehefrau werden?

Der Geschlechtsverkehr kann die Kommunikation blockieren

Wenn die sexuelle Liebe zu früh zu einer Beziehung dazugehört, verwendet man viel Zeit dafür, die man sonst für Gespräche, gemeinsame Unternehmungen und zum gegenseitigen Kennenlernen genutzt hätte. Aber gerade für eine stabile Ehe ist ein gutes Fundament im Sinne einer freundschaftlichen Liebe sehr wichtig. Immer wieder haben mir Ehepaare gesagt: »Wenn wir einen Abend zusammen frei haben, wissen wir nicht, was wir damit machen sollen. Wir haben kein gemeinsames Hobby.«

Was machst du in deiner Freizeit? Kennst du die Welt der Gesellschaftsspiele, der Musik, der Geschichte, des Sports? Zu oft beobachte ich, dass Jugendliche sich zu Computerspielen und Videonächten verabreden. Ansonsten fällt ihnen nicht mehr sehr viel ein, was man noch unternehmen könnte.

Durch den Geschlechtsverkehr entsteht eine starke Bindung zwischen zwei Menschen

Klebe 2 Schreibblätter mit Klebstoff aneinander. Warte ein wenig, bis der Klebstoff hart geworden ist. Dann versuche, die Blätter wieder in ihren ursprünglichen Zustand zurückzuführen. Es wird nicht ohne Löcher gehen, oder? Genauso ist es bei der Trennung einer Beziehung, in der Geschlechtsverkehr praktiziert wurde. Man gibt immer ein kleines Stück von sich an den anderen ab. Die Löcher könnte man mit Verletzungen vergleichen.

Wenn Geschlechtsverkehr praktiziert wurde, ist es oft schwerer, eine Beziehung zu beenden.

Die meisten Freundschaften im Teenageralter werden irgendwann wieder gelöst. Manchmal war man während der Schulzeit für eine gewisse Zeit ein Paar, aber dann plötzlich trennen sich die Wege, oft auch am Beginn der Studienzeit. Wenn Geschlechtsverkehr praktiziert wurde, ist es oft schwerer, die Freundschaft zu lösen.

In dem Buch »Der Vorleser«[8], das oft in der Schule gelesen wird, wird die Liebesgeschichte zwischen dem 15-jährigen Michael Berg und der 36-jährigen Hanna erzählt. Die sexuelle Liebe von Michael wird dadurch aufgeweckt, dass er zusieht, wie Hanna sich vor seinen Augen Seidenstrümpfe anzieht. In seinen Gedanken kommt er von diesem Anblick nicht mehr los. Er weiß, dass es nicht richtig ist, sie zu besuchen, und er rechnet eigentlich auch damit, dass Hanna ihm die Tür weist, aber sie tut das Unfassbare und geht auf sein unterbewusstes Werben ein und schläft mit ihm. Es entwickelt sich eine sexuelle Abhängigkeit, die ihn ein Leben lang nicht mehr verlassen wird. Er ist geprägt von ihrem Geruch und ihrem Liebesspiel. Hanna verschwindet plötzlich aus seinem Leben. Er hat danach noch viele andere Frauen, aber keine fühlt sich so an wie Hanna, keine riecht so wie sie. Er heiratet, aber seine Ehe scheitert nach fünf Jahren.

Diese Geschichte macht sehr anschaulich deutlich, wie tief eine sexuelle Beziehung gehen kann.

Die sexuelle Abhängigkeit
kann so stark sein,
dass man nicht mehr
von einem Menschen loskommt.

Immer wieder erlebt man Paare, die nicht zusammen leben können, aber auch nicht getrennt. Sie sind in eine sexuelle Abhängigkeit geraten und kommen nicht voneinander los. Diese sexuelle Bindung ist oft auch der Grund, dass ein junges Mädchen bei einem wesentlich älteren Mann bleibt oder ein verheirateter Mann immer wieder zu seiner Geliebten zurückkehrt, obwohl er eigentlich seine Frau liebt. Manchmal entwickelt sich daraus auch eine Hass-Liebe. Man hasst die Abhängigkeit von diesem Menschen, die eigene Gebundenheit und Unfähigkeit. Der Kopf lehnt die sexuelle Bindung ab, aber der Körper verlangt immer wieder danach.

Teenager können Eltern werden

Früher war die Aufforderung »Komm mir nur nicht mit einem Kind nach Hause.« oft die einzige Aufklärung. Heutzutage scheint eine mögliche Schwangerschaft kein wirkliches Argument gegen Geschlechtsverkehr zu sein.

Warum werden Mädchen heute noch schwanger?

- *Wissen wird nicht angewendet*

Lehrer meinen, dass es bei Teenagern ein langer Weg ist vom Wissen zum Umsetzen in die Tat. Trotz guter Aufklärung und vielleicht sogar der Note 1 im Biologietest über Verhütungsmittel am Morgen, kann es passieren, dass man abends ungeschützten Sex hat.

- *Fehlinformationen*

Vielleicht kommen dann Antworten wie: »Beim ersten Mal kann man nicht schwanger werden.« Oder: »Wenn die Periode noch nicht regelmäßig alle 4 Wochen kommt, besteht keine Gefahr, schwanger zu werden.« »Warum sollte mir das passieren?«, denkt so mancher oder handelt nach dem Motto: »Einmal ist keinmal.«

- *Günstige Gelegenheiten*

Wer weiß schon im Voraus, wann sich sexuelle Gefühle entwickeln? Und so kann es passieren, dass man dann gerade kein Kondom dabeihat. Wenn man zusätzlich etwas zu viel getrunken hat, wird man übermütig und schläft ohne Kondom miteinander.

• *Mangelnde Wirkung der Antibabypille*

Aber selbst trotz Einnahme der Antibabypille kann es zu Schwangerschaften kommen. Vielen ist zu wenig bekannt, dass die Einnahme regelmäßig geschehen muss. Man kann die Pille nicht an einem Tag vergessen und dafür am nächsten Tag zwei nehmen. Hinzu kommt, dass die Aufnahme der Wirkstoffe durch Durchfall oder andere Erkrankungen fehlerhaft sein kann und man dann nur einen ungenügenden Schutz vor einer Schwangerschaft hat. Auch die Wechselwirkung mit anderen Medikamenten wird oft unterschätzt. Deshalb ist es sehr wichtig, die Beipackzettel genau zu lesen, um zu erfahren, ob dieses Medikament vielleicht die Wirkung des Verhütungsmittels teilweise oder sogar vollständig aufhebt.

• *Trotz Anwendung des Kondoms kein 100%iger Schutz*

Was ist der Pearl-Index?

Pearl[9] war ein amerikanischer Zoologe, der biologische Probleme standardisierte (normte). Nach ihm ist der so genannte Pearl-Index benannt, der Auskunft über die Sicherheit eines Verhütungsmittels gibt. Der Index zeigt an, wie viele Frauen, die genau ein Jahr lang mit diesem Mittel verhütet haben, schwanger werden. Wenn der Pearl-Index 1 ist, bedeutet es, dass eine Frau von 100 Frauen schwanger geworden ist, obwohl sie verhütet hat. Die Sterilisation hat einen Pearl Index von 0,1-0,4, die Antibabypille 0,1-1, die natürliche Empfängnismethode mit Temperaturmessung und Schleimbeobachtung 1-2 und das Kondom 3.

Ein Pearl-Index von 3 für das Kondom bedeutet, dass 3 von 100 Frauen pro Jahr schwanger werden, deren Partner bei jedem Geschlechtsverkehr das Kondom gebraucht hat.

Der Pearl-Index im Überblick:	
Sterilisation	0,1 - 0,4
Antibabypille	0,1-1
Natürliche Empfängnismethode	1-2
Kondom	3

• *Wunsch nach einem Kind*

Manche Mädchen wünschen sich ein Baby, ohne vorab die Konsequenzen zu bedenken. Dann werden sie nachlässig in der Verhütung oder legen es bewusst darauf an, schwanger zu werden. Tritt dann eine Schwangerschaft ein, freuen sie sich zunächst auch auf das Kind. Doch dann erleben sie oft, dass der Freund andere Pläne hat und plötzlich nichts mehr davon wissen will, dass er Vater wird. Auch die übrige Umwelt reagiert oft nicht so erfreut. Dann fangen die Probleme an.

Andere Mädchen meinen, dass Mutterschaft ein Ausweg aus der Misere wäre, sich einen Beruf aussuchen zu müssen. Lehrer beobachten zunehmend, dass sich Mädchen in eine Schwangerschaft flüchten, nach dem Motto: »Dann habe ich eine sinnvolle Aufgabe.«

Wie viele Mädchen werden schwanger?

Die Zahl der Schwangerschaften unter Teenagern nimmt dramatisch zu. Frau Gisela Gille[10], Vorsitzende der Ärztlichen Gesellschaft zur Gesundheitsförderung der Frau, nennt eine immer früher einsetzende Geschlechtsreife und mangelhaftes Wissen als Gründe dafür. Pro Jahr bringen mehr als 7000 minderjährige Mädchen in Deutschland ein Baby zur Welt, wobei ca. 200 Mädchen[11] gerade erst 13 Jahre alt oder noch jünger sind. Oft versuchen die Mädchen eine Schwangerschaft zu verstecken. Sie tragen auf einmal weitere Pullis, weil es ihnen angeblich so besser gefällt. Manche messen aber auch dem Ausbleiben der Periode keine Bedeutung bei, da sie gehört haben, dass sie am Anfang noch nicht regelmäßig kommt und sie kein Buch über »die Tage« führen. Wieder andere verdrängen die Schwangerschaft nach dem Motto: »Was nicht sein darf, das kann nicht sein.« Wenn dann die Wehen einsetzen, werden sie als »akuter Bauch« in die Chirurgie eingeliefert. Es kommt immer wieder vor, dass Ärzte dann bei der Untersuchung erstaunt feststellen, dass so ein Mädchen kurz vor der Entbindung steht.

Wenn die Schwangerschaft ungewollt ist ...

Eine ungewollte Schwangerschaft ist nicht nur für die werdende Mutter eine enorme Belastung, sondern auch für das Kind und die Familie. Für viele Fragen muss jetzt eine Antwort gefunden werden. Wie stehen der Kindesvater und die Eltern der jungen Mutter zu dem neuen Erdenbürger? Soll ich das Kind behalten oder vielleicht zur Adoption freigeben? Oft erleben junge Mädchen, dass der Freund sie verlässt oder zur Abtreibung drängt.

Bei jedem Geschlechtsverkehr kann möglicherweise ein Kind entstehen.

Verantwortungsbewusste Menschen tragen die Konsequenzen für ihr Verhalten, auch wenn es anders kommt, als sie es sich gedacht haben.

Daraus folgt, dass du erst mit einem Menschen schlafen solltest, wenn du auch bereit bist, mit ihm zusammen ein Kind großzuziehen.

Ungewollte Kinder werden oft abgetrieben

Mensch von Anfang an

Von den ca. 20 000 Minderjährigen[12], die pro Jahr in Deutschland schwanger werden, ist die Schwangerschaft in den wenigsten Fällen gewollt. Meistens werden die Kinder abgetrieben. Bei den unter 15-Jährigen liegt die Abtreibungsquote bei über 90%. Viele Mädchen, die minderjährig Mutter werden oder eine Abtreibung vornehmen lassen, werden noch im Teenageralter erneut schwanger.

In Deutschland ist Abtreibung bis zum 3. Monat zwar rechtswidrig, aber straffrei. Deshalb wird auch von Tötung und nicht von Mord im Mutterleib gesprochen, da ein Mord eine Tötung ist, die strafrechtlich verfolgt werden muss. Immer wieder hört man, dass ein Fötus erst ab dem 3. Lebensmonat ein Mensch ist. Doch wenn man sich das Erbrecht ansieht, wird deutlich, dass sich die Verantwortlichen darauf geeinigt haben, dass der Mensch bei der Verschmelzung von Samen- und Eizelle entsteht und lebt. Im Erbrecht[13] liest man: »Erbe kann nur werden, wer zur Zeit des Erbfalls lebt. Es genügt jedoch, dass der Erbe zum Zeitpunkt des Erbfalls gezeugt ist und später lebend geboren wird.«

Hast du schon mal eine naturgetreue Abbildung eines Embryos aus der 12. Schwangerschaftswoche gesehen? Man kann sie bei mehreren Adressen[14][15] in Deutschland bestellen. Wenn man so ein Abbild mal in der Hand gehalten hat, begreift man eher, dass bei der Abtreibung ein kleiner Mensch sterben muss. Ähnlich beeindruckend sind Bilder oder auch Anstecknadeln[16] von kleinen Füßen aus der 12. Schwangerschaftswoche.

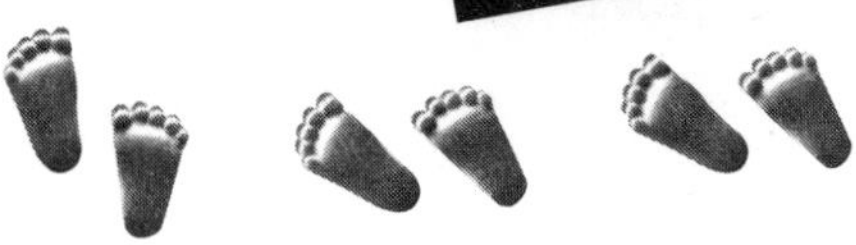

Früh- und Spätfolgen einer Abtreibung
Mein Vater, ein erfahrener Landarzt, bat mich an meinem 15. Geburtstag inständig: »Töte nie ein Kind im Mutterleib. Du überschaust die Folgen nicht, die der Eingriff einer Abtreibung haben kann. Gewissensbisse und Schuldgefühle können dich nach einem Eingriff plagen. Manchmal treten sie sofort auf, manchmal aber auch erst mit 40 oder 50 Jahren. Nach meiner Erfahrung vergessen Frauen eine Abtreibung nicht und wissen oft genau, wie alt die Kinder zum jetzigen Zeitpunkt wären. Psychische Störungen wie Depressionen und Alpträume können sich als Spätfolgen oft auch erst 20-30 Jahre später entwickeln. Viele werden mit ihrer Schuld nicht fertig.

Außerdem könntest du eine Entzündung nach der Abtreibung bekommen, die sich dann in die Eileiter ausbreitet. Dadurch verkleben die Eileiter und somit würdest du unfruchtbar werden.

Ich habe auch schon in seltenen Fällen gehört, dass während der Ausschabung eine unstillbare Blutung einsetzte und man dann dem Mädchen die Gebärmutter entfernen musste.«

Es besteht die Gefahr, sexuell übertragbare Infektionen zu bekommen

Welche Geschlechtskrankheiten kennst du? Wird im Biologieunterricht bei euch darüber gesprochen? Hast du in der Zeitung schon mal Berichte zu diesem Thema gelesen?

Man unterscheidet Geschlechtskrankheiten im engeren Sinne, die fast ausschließlich durch den Geschlechtsverkehr übertragen werden, und Geschlechtskrankheiten im weiteren Sinne, bei denen man sich auch auf einem anderen Weg anstecken kann.

Geschlechtskrankheiten im engeren Sinne:
- Gonorrhoe (Tripper)
- Syphilis (harter Schanker)

Geschlechtskrankheiten im weiteren Sinne:
- Infektionen durch Chlamydien
- HIV-Infektionen (HIV – Human Immunodeficiency Virus, menschliches Abwehrmangel-Virus), AIDS (aquired immune deficieny syndrome, erworbenes Abwehrmangelsyndrom, ein Syndrom fasst verschiedene Krankheiten zusammen)

- Infektionen durch Herpesviren
- Pilzerkrankungen
- Infektionen durch Trichomonaden
- Hepatitis B und C

Chlamydien- und HIV-Infektionen
Auf die Chlamydien- und die HIV-Infektion werde ich im nachfolgenden Abschnitt unter spezieller Berücksichtigung der Teenagersituation näher eingehen. Frau Dr. Bürger[17] hat eine kurze Zusammenfassung der Geschlechtskrankheiten zusammengestellt, die dir übersichtlich zusätzlich wichtige Daten liefert.

Chlamydieninfektionen[18]
Bei Mädchen und jungen Frauen beginnt eine Entzündung mit Chlamydia tramomatis, dem am häufigsten durch Geschlechtsverkehr übertragenen Bakterium, zumeist mit einer Gebärmutterhalsinfektion, die lange und weitgehend ohne Symptome verläuft oder sich selten durch gelblich-klebrigen Ausfluss verrät. Die Entzündung breitet sich dann in die Gebärmutter und die Eileiter bis in den Bauchraum aus, was man auch aufsteigende Infektion nennt. Da die Chlamydien bei rund 90% der Infizierten keine oder nur geringfügige Beschwerden verursachen, gehen die Betroffenen nicht zum Arzt, um sich behandeln zu lassen. Sie bleiben krank und stecken dadurch unbewusst ihre weiteren Geschlechtspartner an, oft ohne es zu wissen. Deshalb ist immer wichtig, alle Geschlechtspartner zu behandeln, wenn einer erkrankt ist. Mediziner[19] schätzen, dass ca. 1,1 Millionen Männer und Frauen in Deutschland das Bakterium Chlamydia trachomatis in ihrem Körper tragen. Hauptbetroffene seien sexuell aktive Teenager und Frauen bis 24 Jahre. Man spricht davon, dass 1/3 der jüngeren Bevölkerung Träger von Chlamydien sei.

Warum sind weibliche Teenager Hauptbetroffene?
Die Infektanfälligkeit unter weiblichen Teenagern wird durch folgende Punkte begünstigt:

1. Erster Geschlechtsverkehr noch vor Abschluss der Pubertät bei mangelhafter eigener Immunabwehr durch noch unreifen Zyklus
2. Wechselnde Geschlechtspartner
3. Zusätzliche Schwächung der Immunabwehr durch Abmagerungskuren, Rauchen und die Einnahme der Antibabypille

1. Mangelnde Abwehrlage durch unreifen Zyklus

Zwei Hormone beeinflussen den Zyklus einer Frau: das Follikelhormon Östrogen und das Gelbkörperhormon Progesteron. Es kann einige Jahre dauern, bis die Blutungsabstände regelmäßig erfolgen, der Eisprung in jedem Zyklus stattfindet und sich ein stabiler Zyklus entwickelt hat. In den ersten Jahren nach der 1. Periode, auch Menarche genannt, haben viele Mädchen noch Zyklen ohne Eisprung. Der Einfluss der Östrogene bewirkt, dass der Schleim in der Scheide eher wässrig und leichter durchlässig für Krankheitserreger ist. Erreger, die in die Scheide gelangen, überleben leichter und können in die Eileiter aufsteigen. Die natürliche Abwehr der Scheidenschleimhaut muss sich bei jungen Mädchen erst noch entwickeln, um die Erreger daran zu hindern, dass es zur Infektion kommt.

2. Wechselnde Geschlechtspartner

Vor Jahren war ich mit einem meiner Au-pair-Mädchen beim Frauenarzt, da sie etwas Ausfluss hatte und sehr beunruhigt war. Als die Ärztin sie fragte, ob sie schon einmal mit einem Mann geschlafen hätte, sagte sie entrüstet: »Nein, in Georgien darf man vor der Heirat nicht mit einem Mann schlafen. Mein Vater würde mich sofort enterben.« Daraufhin antwortete die Ärztin: »Wo kein Mann, da keine Entzündung.« Ich war überrascht über die Einfachheit und Klarheit der Worte.

Wenn ich keinen sexuellen Kontakt habe, kann ich zu einem sehr hohen Prozentsatz keine Geschlechtskrankheiten bekommen.

Die Wahrscheinlichkeit, irgendwann einmal an einer Geschlechtskrankheit zu erkranken, steigt, je früher ich damit anfange, je öfter ich den Partner wechsle und je weniger ich mich schütze.

3. Schwächung der Immunabwehr durch Abmagerungskuren, Rauchen und die Einnahme der Antibabypille

Mädchen in der Pubertät haben oft ein niedriges Selbstwertgefühl. Die meisten fühlen sich zu dick. So ernähren sie sich mangelhaft und hungern oft bis zum Untergewicht ab. Zusätzlich kann die Abwehrlage geschwächt werden, wenn die jungen Mädchen rauchen[20] und die Antibabypille nehmen.

Tipp für Mädchen: Sag Ja zu deinem Körper und lass ihm genügend Zeit erwachsen zu werden.

HIV-Infektion – AIDS

Unterschied zwischen einer HIV-Infektion und AIDS

Bei einer HIV-Infektion trägt man den Erreger, einen Virus, der die Abwehrlage des Körpers schwächt, in sich, ohne dass man schon Krankheitsanzeichen hat. In diesem Stadium kann man aber andere Menschen bereits anstecken.

AIDS nennt man die Krankheit, wenn die Krankheit bereits »ausgebrochen« ist.

Wissen der Jugendlichen über AIDS ist oft gering

Denkst du vielleicht auch, dass es AIDS eigentlich nur in Afrika gibt? Viele Jugendliche unterschätzen die Krankheit und wissen oft zu wenig darüber. Die Bundeszentrale für gesundheitliche Aufklärung[21] führt regelmäßig Befragungen durch und stellte fest, dass fast ein Viertel der 16- bis 20-Jährigen in dem Irrglauben war, dass man sich bei einem Partner nicht anstecken kann, wenn die Krankheit noch nicht ausgebrochen ist. Nur 37% der 14- bis 18-Jährigen stuften AIDS als eine gefährliche Krankheit ein.

In der Ärzte-Zeitung[22] wurde veröffentlicht, dass man auch in Deutschland mit über 1500 Neuinfizierten jedes Jahr rechnen müsste. Bisher seien ca. 60 000 Menschen infiziert.

Infektionsweg

Die Übertragung des Virus geschieht zu einem erheblichen Prozentsatz durch den Sexualverkehr. Die höchste HIV-Konzentration ist in der Samenflüssigkeit vorhanden. Ein besonderes Risiko besteht für Frauen bei der Defloration - so nennt man den ersten Geschlechtsverkehr, wenn das Hymen (Jungfernhäutchen) eingerissen wird –, da das Virus immer eine Eintrittsstelle, also eine kleine Verletzung braucht.

Die Dunkelziffern sind hoch. AIDS ist keine übliche Krankheit, über die man mit Verwandten, Freunden und Arbeitskollegen spricht. AIDS gehört zu den Tabuthemen. Wer AIDS hat, verschweigt es oder erzählt, er hätte eine seltene Krankheit oder Krebs. Viele AIDS-Kranke erleben, dass sich selbst Freunde und Verwandte aus Angst zurückziehen. So fühlen sich die AIDS-Kranken häufig isoliert, manche werden sogar beschimpft.

In dem Artikel »HIV: Mitten im Leben steht plötzlich alles still« beschreibt Marion Troja[23] einen Mann, der nicht zu der typischen Risikogruppe der Homosexuellen, der Drogenabhängigen oder der Menschen gehören, die ein ausschweifendes Liebesleben haben. Er sagt von sich: »Ich war meinen Freundinnen immer treu.« Infiziert habe er sich bei einer flüchtigen Affäre zwischen zwei Beziehungen. Mittlerweile ist der 32-Jährige Frührentner, muss täglich elf dicke Pillen nehmen mit jeder Menge Nebenwirkungen. Er steht zweimal in der Woche Schülern bei der AIDS-Hilfe zur Verfügung. Er will verhindern, dass sich andere junge Menschen mit AIDS infizieren.

Viele Menschen machen bei AIDS die Vogel-Strauß-Politik. Sie lassen sich nicht untersuchen, selbst wenn sie den Verdacht haben. Andere haben nicht die leiseste Ahnung und wissen selbst bei Ausbruch der Krankheit nicht, was los ist.

Ulf[24] berichtet: »Bis ich wusste, was los war, hat es lange gedauert. Zunächst war es der Stress auf der Arbeit, den ich für meine Schlappheit verantwortlich machte. Dann das Magengeschwür. Über Jahre verschlechterte sich mein Zustand, bis der Hausarzt einen HIV-Test machte.«

Doch es gibt auch HIV-Infizierte, die wissen, dass sie krank sind, und trotzdem ungeschützten Geschlechtsverkehr haben, auch wenn das unverantwortlich ist.
In Großbritannien[25] ist erstmals ein HIV-infizierter Mann verurteilt worden, weil er zwei Frauen durch ungeschützten Sex angesteckt hatte, ohne sie vorher zu warnen.

Wie geht es dir, wenn du so etwas liest? Meinst du wirklich, dass junge Menschen nur miteinander schlafen, wenn sie sich schon länger kennen, sich lieben und sich deshalb auch kein Leid zufügen? Manchmal betrachten wir die Sexualität fast etwas verklärt, als eine wunderbare, nie verletzende, stets Freude machende Liebe, die man keinem vorenthalten sollte.

Die Erfahrung zeigt aber leider, dass die Sexualität auch eine andere Seite hat. Sie ist ein sehr starker Trieb im Menschen, der ab einer gewissen

Erregung fast alle vernünftigen Gedanken ausschaltet. Man gibt sich nur noch diesen hinreißenden Gefühlen hin. Erst nach dem Geschlechtsakt erkennt man oft, was man gemacht hat.

Ein Kondom kann keinen 100%igen Schutz geben

Spätestens an dieser Stelle sollten wir über die Vorbeugung von Geschlechtskrankheiten durch die Anwendung von Kondomen reden. Kondome sind ein sehr guter, aber kein 100%iger Schutz!

Pearl-Index liegt bei 3

Ein Spermium ist 60 Mikrometer groß und man rechnet bei einem Pearl-Index von 3, dass 3 von 100 Frauen, deren Partner Kondome verwenden, trotzdem schwanger werden.

Ein HIV-Virus ist 0,1 Mikrometer groß, also 600-mal kleiner als ein Spermium.

Wie kann ich bei
diesen Fakten glauben,
dass mich das Kondom vor
einer HIV-Infektion
100%ig schützen kann?

Fehler beim Überstreifen

Es kann dem jungen Mann sowieso schon peinlich sein, ein Kondom zu benutzen, und wenn dann noch hinzukommt, dass er beim Überstreifen nicht geübt ist, täuscht er vielleicht vor, dass das Kondom gut sitzt.

Kondome können Fehler enthalten

Immer wieder mal liest man Meldungen[26], dass Kondomhersteller ihre Fabrikate vom Markt nehmen, da sie undicht sind oder kleine Fehler enthalten. Es kann auch passieren, dass bei der Kondomherstellung kleine Poren entstehen[27], durch die Erreger oder Spermien hindurchgelangen können.

Durch aufsteigende Infektionen kann man unfruchtbar werden

»Warum muss ich für die Freiheit aller anderen bezahlen? Warum hat mir niemand etwas gesagt?«, fragt eine 20-jährige Frau, die durch eine Chlamydieninfektion unfruchtbar geworden ist, in dem Artikel: »Teenagerliebe: Früher Sex macht unfruchtbar.«[28]

Mechthild Schulze-Hagen[29] schreibt in dem Artikel: »Unfruchtbar durch Bakterien« über das Schicksal einer Zwölfklässlerin, die wegen massivster Bauchschmerzen eine Bauchspiegelung erhielt. Man stellte fest, dass sie unter einer fortgeschrittenen Chlamydieninfektion litt. Die Eileiter waren verdickt, eitrige Flüssigkeit war in die Bauchhöhle ausgetreten und es hatten sich schon Verwachsungen zwischen den Eileitern und dem Darm gebildet. Die Krankheit konnte erfolgreich mit Antibiotika behandelt werden, aber die Schäden werden wahrscheinlich bleiben. Der Freund der Zwölfklässlerin wurde mitbehandelt.

Man nennt die Chlamydieninfektion auch eine heimtückische Krankheit, da sie fast immer wenig Beschwerden macht. Die Folge ist, dass man nicht zum Arzt geht, um sich behandeln zu lassen. Dadurch kann man jahrelang krank sein, ohne es zu wissen. Es kann zu aufsteigenden Infektionen kommen, das heißt, dass die Erreger durch die Scheide in die Gebärmutter und die Eileiter bzw. durch die Harnröhre in die Samenleiter wandern. Wenn in den Ei- oder Samenleitern Entzündungen entstehen, können diese verkleben und man kann unfruchtbar werden.

Man nimmt oft über Jahre Verhütungsmittel, die Nebenwirkungen haben können

Kennst du den Wirkungsmechanismus der Antibabypille und die zurzeit diskutierten Nebenwirkungen? Mann und Frau müssen sich beide für die Verhütungsmethoden interessieren, denn es geht beide an und beide sind dafür verantwortlich, auch wenn nur die Frau die Antibabypille nimmt. Vor Einnahme der Antibabypille sollte man den Beipackzettel genau durchlesen, damit man hinterher nicht sagen muss: »Warum hat mich niemand informiert?«

Zusammengefasst erklärt greift die Antibabypille[30] in den Hormonstoffwechsel der Frau ein, indem die beiden synthetisch hergestellten Wirkstoffe der Pille, nämlich das Östrogen und das Progesteron die Ausschüttung der Hormone im Gehirn bremsen, die für den Eisprung verantwortlich sind.

Die »Pille« wird verdächtigt bei vielen »Zivilisationskrankheiten« eine auslösende Rolle zu spielen. Besonders bei Depressionen, Thrombosen, Herzinfarkten, Brustkrebs und Pilzerkrankungen der Scheide beobachtet man einen Zusammenhang mit der Einnahme dieses Verhütungsmittels.

Zum jetzigen Zeitpunkt gibt es aber keine Studie, die einen eindeutigen Zusammenhang beweist.

Man kann bindungsunfähig werden

Es gibt Jugendliche, die immer auf der Suche nach dem Kick, dem Verliebtsein und den sexuellen Höhepunkten sind. Sie beginnen und lösen Freundschaften schnell hintereinander. Wenn immer wieder neue Partnerschaften mit sexuellem Verkehr eingegangen werden, kann eine gewisse Bindungsunfähigkeit entstehen. Man spricht auch davon, dass die Frustrationsschwelle immer niedriger wird, um Krisen miteinander durchzustehen. Sobald etwas nicht so läuft, wie man möchte, trennt man sich. Trennungen werden immer leichter vollzogen.

Man kann sexsüchtig werden

Sucht gibt es nicht nur bei Alkohol, Tabak und Spielen, sondern auch im sexuellen Bereich.

Ich kannte ein Mädchen sehr gut, die mir sagte: »Ich bin sexsüchtig und wenn es wieder über mich kommt, dann gehe ich durch die Stadt und ich finde immer einen, der mit mir schläft.«

Enthaltsamkeit gehört zu einer erfüllten Sexualität dazu

Ist die Sexualität ein Trieb, der befriedigt werden muss, so wie Hunger, Durst und Schlaf? Was passiert, wenn ich diesen Trieb über Jahre unterdrücke? Kann man das überhaupt, ohne seltsam zu werden?

Rainer Langhans[31], Mitbegründer der so genannten »Kommune 1« einer Wohngemeinschaft der 60er-Generation, sagte: »Rückblickend auf die letzten 30 Jahre gehört für mich zur Sexualität ganz wesentlich die Enthaltsamkeit dazu. Ohne Enthaltsamkeit kann man die Sexualität nicht verstehen. Die Erfüllung über quantitative Sexualität zerstört Beziehungen sogar. Und wenn Leute hinterher meinten, wenn sie sich hassen, das hätte nichts mit Sex zu tun, dann irren sie sich.«

Verzichten, Fasten, Enthaltsamkeit einüben, passt nicht so richtig in unsere moderne Welt, ist aber für die Persönlichkeitsentwicklung und die Charakterschulung sehr wichtig.

Jeder Mensch muss in seinem Leben die Entscheidung treffen, ob er über die Sexualität Herr sein will, oder ob die Sexualität ihn bestimmt.

Enthaltsamkeit hat eine Schutzwirkung

Sehr beeindruckend war für mich auch der Satz eines verheirateten Mannes, der sagte: *»Mein größter Schutz vor Ehebruch ist, dass meine Frau die Einzige ist, mit der ich je geschlafen habe. Sie können sich gar nicht vorstellen, wie groß die Hürde für mich wäre, unsere Ehe zu verletzen.«*

Ich habe schon viele Bücher und Artikel zum Thema Jugendliche und Sexualität gelesen, doch dabei vermisse ich, dass den Jugendlichen Mut zur Enthaltsamkeit gemacht wird. Auch im Sexualkundeunterricht ist Enthaltsamkeit kein Thema. Es wird nur auf Kondome und Verhütungsmittel hingewiesen. Oder hast du andere Erfahrungen gemacht?

Wer erklärt noch den Wert von Treue und Enthaltsamkeit?

Herr Müller geht zum Elternabend seines 13-jährigen Sohnes. Die Lehrerin erklärt ihre Pläne für den Sexualkundeunterricht und teilt Informationsmaterial aus. Als Fragen zugelassen werden, meldet er sich und merkt an, warum auf das Thema Enthaltsamkeit nicht deutlicher hingewiesen würde. Viele Eltern lachen und ein Vater kontert: »Glauben Sie wirklich, dass Enthaltsamkeit für irgendetwas gut ist?« Die Lehrerin meint, dass sie nur für die Fakten und die Familie für die moralische Seite zuständig sei. Herr Müller ist beschämt. Als die Eltern aufgefordert werden, sich Namensschilder anzustecken und in der Pause Gebäck und Getränke zu nehmen, sitzt Herr Müller allein an seinem Platz. »Nutzen Sie doch die Gelegenheit, die anderen Eltern besser kennen zu lernen«, fordert ihn die Lehrerin auf, doch er hat nicht das Gefühl, willkommen zu sein. Dann lädt die Lehrerin alle ein, wieder auf ihre Plätze zu gehen. Sie bedankt sich, dass alle ihre Namensschilder angesteckt hätten, und bittet, jeden auf der Rückseite des Namensschildes nachzusehen, wer eine Blume aufgemalt hätte. Nun folgt die Erklärung: »Die Blume stellt eine Geschlechtskrankheit dar, die durch Händegeben übertragen wird.« Der Träger der Blume wird gefragt, wem er die Hände geschüttelt hätte, um herauszufinden, wer auch geschlechtskrank sei. Die Eltern lachen und machen Witze »Diese Lektion mache ich auch mit den Schülern«, merkt die Lehrerin an. »Es zeigt, wie schnell sich eine Krankheit ausbreiten kann, und da wir uns alle die Hand gegeben haben, haben wir alle die Krankheit.« Jetzt meldet sich Herr Müller, ent-

schuldigt sich für den Ärger, den er vorher verursacht hat, gratuliert der Lehrerin für ihren ausgezeichneten Unterricht, der die Schüler bestimmt sehr beeindrucken wird und bittet eine kleine Ergänzung vorzunehmen. »Nicht alle von uns wurden angesteckt«, sagt er. »Einer von uns – hat sich enthalten.«

Oft wird Jugendlichen nur vermittelt, wie man sich technisch gegen Schwangerschaft und Geschlechtskrankheiten schützen kann, wobei der Eindruck erweckt wird, dass der Schutz allumfassend ist. Aber nur die Enthaltsamkeit gibt einen 100%igen Schutz vor Schwangerschaft und einen größtmöglichen vor Geschlechtskrankheiten. Aber wie schützt man die eigenen Gefühle und die spätere Sexualität in der Ehe? Wer gibt offen zu, dass die Sexualität in der Ehe dadurch beeinträchtigt werden kann, dass man an andere Partner denkt, mit denen es sehr schön war? Und wer spricht über die Verletzungen, die man durch das Ausleben der sexuellen Liebe erfahren hat?

Was denkst du über Enthaltsamkeit? Ist für dich Verzicht negativ besetzt oder glaubst du, dass der junge Mensch in seinem Charakter durch Verzichten reif wird? Könnte es ein Ansporn sein, aus Liebe zu dir selbst und deinem künftigen Partner Enthaltsamkeit einzuüben?

Auch in einer Ehe gibt es immer wieder Phasen, in denen Enthaltsamkeit ausgehalten werden muss, z.B. manchmal während der Schwangerschaft, um die Zeit der Entbindung, während Dienstreisen und Krankheiten.

Viele Ehebrüche geschehen, während die Frau ein Kind erwartet oder entbunden hat. Besonders die Männer fallen, die nicht gelernt haben, ihre Sexualität im Griff zu haben.

Menschen ganz unterschiedlicher Religionen glauben, dass Gott den Geschlechtsverkehr für die Ehe geschaffen hat

Christen, Juden und Moslems lehren ihre Jugendlichen, mit dem Geschlechtsverkehr bis zur Ehe zu warten. Sie glauben, dass ihr Gott die sexuelle Liebe für Ehepaare geschaffen hat. Aus Liebe zu Gott sind sie bereit, auf den Geschlechtsverkehr vor der Ehe zu verzichten, und erwarten, dass Gott ihnen dabei hilft und sie dafür in der Ehe auch belohnt.

Kapitel 7

Bibel, Sex und Liebe

Freundschaft, Liebe und Sexualität sind drei zentrale Bereiche zwischen Mann und Frau, die Gott sehr am Herzen liegen. Von Anfang an war es Gottes Konzept, dass Menschen eine erfüllte, tiefe Gemeinschaft untereinander und mit ihm haben sollten. Ehe ist seine Idee. Er schuf den Menschen als Mann und Frau zur gegenseitigen Ergänzung. In der Bibel finden wir Hilfen und Richtlinien zum Umgang miteinander. Sehr offen werden die Sehnsüchte, Wünsche und Nöte der Menschen auch auf sexuellem Gebiet geschildert.

Nachfolgende Fragen wollen wir mit Hilfe von Bibelstellen beantworten:

- Warum will Gott, dass die sexuelle Liebe in die Ehe gehört?
- Steht überhaupt in der Bibel, dass man bis zur Ehe mit dem Geschlechtsverkehr warten soll?
- Gibt es Hilfen, die es uns leichter machen, diese Gebote zu halten?
- Sagt die Bibel auch etwas zum Thema Selbstbefriedigung?

Gottes Gedanken zu Sexualität und Ehe

Sexualität braucht einen Schutzraum

Hast du auch manchmal das Gefühl, dass man als Christ auf alles Spannende und Schöne verzichten muss? Dabei ist Gott, so wie ihn uns die Bibel zeigt, ganz anders. Gott ist nicht gegen Freude und Sexualität. Sexualität darf und soll genossen werden. Nicht heimlich, mit schlechtem Gewissen unter der Bettdecke, gerade mal zum Kinderzeugen. *Prediger 9,9: »Sei glücklich mit der Frau, die du liebst; genieß jeden flüchtigen Tag deines kurzen Lebens, das Gott dir auf dieser Erde gegeben hat.«*

5. Mose 24,5: »Ein frisch verheirateter Mann soll weder zum Kriegsdienst eingezogen noch mit anderen besonderen Aufgaben betraut werden. Er soll ein Jahr frei von öffentlichen Verpflichtungen zu Hause verbringen dürfen, damit er mit der Frau, die er geheiratet hat, glücklich sein kann.« Allerdings zeigt die Bibel einen klaren Rahmen für die Sexualität auf. Nirgends ist der Mensch in einer Beziehung so schutzlos, hüllenlos und damit verwundbar wie bei der sexuellen Begegnung. Wie tief kann der Schmerz der Verletzung gehen, wenn man bemerkt, in seinem persönlichsten, geheimnisvollsten Bereich benutzt oder einfach nur oberflächlich und damit geringschätzig behandelt worden zu sein. Gott möchte, dass wir miteinander sehr liebevoll umgehen, den anderen als Geschenk ansehen, als etwas Kostbares, als etwas, was ich nicht leichtfertig verletzen sollte. Deshalb gehört dieser Bereich in den Schutzraum der Ehe. Beide Partner haben »Ja« zueinander gesagt und ihre Absicht bekundet, für immer beieinander zu bleiben. Sie haben sich gegenseitig versprochen »bis dass der Tod uns scheide ...« und wissen gleichzeitig um ihre eigene Unfähigkeit zur selbstlosen Liebe. Deshalb bitten sie Gott um seine Hilfe. In *Prediger 4, 12* steht: *»Ein Einzelner kann leicht von hinten angegriffen und niedergeschlagen werden; zwei, die zusammenhalten, wehren den Überfall ab. Und ein dreifaches Seil kann man kaum zerreißen.«* Ein dreifaches Seil ist die stärkste Schnur, die wir kennen. Es hält sehr große Belastungen aus. Das Bild des dreifachen Seils für eine Beziehung zwischen Mann, Frau und Gott drückt aus, dass Ehe in dem Bewusstsein gelingen kann, dass Gott immer wieder neue Liebe, Vergebungsbereitschaft und Trost schenkt. So gewinnt Ehe eine große Stabilität und man kann auch Krisen gemeinsam überwinden.

Sexualität bindet zwei Menschen aneinander

Durch die sexuelle Vereinigung entsteht eine starke Bindung – *Epheser 5,31: »Deshalb wird ein Mann Vater und Mutter verlassen und sich an seine Frau binden und die beiden werden zu einer Einheit.«* Wenn man diese Bindung schon vor der Ehe eingeht, ist man nicht mehr frei, genau zu prüfen, ob der andere wirklich der Partner ist, mit dem man ein Leben lang zusammen sein will. Deshalb ist es so wichtig, eine Freundschaft ohne Sexualität zu leben, den anderen in verschiedenen Lebenslagen kennen zu lernen, seine Eigenschaften, seine Träume, seinen Umgang mit Kindern, Freunden und Eltern.

Erst wenn ich ein bedingungsloses
Ja zu dem anderen gefunden habe,
schließe ich den Ehebund und dann
ist Zeit und Raum für eine
neue Dimension von Liebe,
die alles zusammenschweißt.

Sexualität eröffnet eine tiefe gegenseitige Erkenntnis

Gottes Idee ist, dass zwei Menschen in der Sexualität etwas Einzigartiges haben, was sie mit keinem anderen Menschen austauschen. Diese Liebe gehört nur ihnen beiden und stärkt sie. Außerdem entdecke ich den anderen in der sexuellen Vereinigung ganz neu. *1. Mose 4,1: »Adam schlief mit seiner Frau Eva (erkannte seine Frau – Luther-Übersetzung) und sie wurde schwanger.«* Wir Menschen sind die einzigen Lebewesen, die sich beim Geschlechtsverkehr in die Augen sehen können. Gott plante eine neue Art des Sich-Erkennens. Wenn ich Sexualität aber aus der Ehe herausnehme und mit mehreren praktiziere, nehme ich mir selbst die Ausschließlichkeit, die mir aber hilft, eine Ehe in den verschiedenen Phasen leben zu können.

Wenn ich Sexualität aber aus der Ehe herausnehme und mit mehreren praktiziere, verliert sie ihre Einzigartigkeit und ihre Bindungsfähigkeit.

Wie ist deine Einstellung zu vorehelichem Verkehr? Denkst du, dass Ehe der Rahmen ist, in dem menschliche Sexualität in Freiheit, Würde und Genuss erlebt werden sollte?

Was sagt die Bibel zu vorehelichem Verkehr?

Im Alten wie auch im Neuen Testament wird immer wieder der Begriff »unberührtes Mädchen« oder »Jungfrau« für Mädchen verwendet, die unverheiratet waren. Männer, die noch keinen Geschlechtsverkehr vollzogen haben, werden als jungfräulich bezeichnet. *Offenbarung 14,4: »Denn sie haben sich nicht mit Frauen befleckt, sondern sind rein wie Jungfrauen ...«* In *1. Korinther 7,34* wird noch beschrieben, dass *»die Jungfrau heilig sei am Leib und am Geist« (Luther-Übersetzung).* In *2. Korinther 11,1-2* lesen wir, dass Gott sich *reine Jungfrauen bzw. eine unberührte Braut* wünscht. Hier wird betont, dass es nicht nur um den vollzogenen Geschlechtsverkehr geht, sondern auch um die Gedanken. In meiner Jugend wurde noch gelehrt, dass man unberührt in die Ehe gehen sollte. Das weiße Brautkleid symbolisierte diese Unberührtheit und Reinheit. Menschen, die sich aus Liebe zu Gott dafür entschieden haben, keinen Sex vor der Ehe zu praktizieren, haben oft eine besondere Ausstrahlung, die andere merken. »Du bist anders. Was ist mit dir los?«, werden sie dann gefragt. Manche formulieren es auch so: »Du strahlst eine Reinheit aus.«

Sexualität im Alten Testament

Wir lesen in der Bibel, dass Männer einen Brautpreis bezahlen mussten, bevor sie sich ein Mädchen zur Frau nehmen konnten. Für unser heutiges Verständnis klingt das wie der Handel um eine Ware. Ich denke, dass die Eltern des Mädchens eine Entschädigung dafür erhielten, dass sie die Tochter großgezogen hatten und sie nun nicht mehr im Haushalt der Eltern leben würde. Das war einfach die Kultur, so wie es bei uns lange Jahre üblich war, dass die Brauteltern die ganze Hochzeit ausrichten und dem Mädchen eine so genannte Aussteuer in Form von Bettwäsche, Handtüchern, Geschirr und Besteck mitgeben mussten.

Aber auch die Menschen der Bibel hielten sich oft nicht an die Gebote und so gab es zur Zeit des Alten Testamentes zum Schutz der Sexualität in der Ehe folgende Verordnungen:

2. Mose 22,15ff.: »Wenn ein Mann eine Jungfrau, die noch nicht verlobt ist, verführt und mit ihr schläft, muss er die übliche Mitgift bezahlen und sie zur Frau nehmen.« Dieser Bibelvers zeigt deutlich, dass Geschlechtsverkehr außerhalb der Ehe nicht erlaubt war und auch nicht ohne Konsequenzen praktiziert werden konnte. Im *5. Mose 22,28-29* wird noch ausgeführt, dass der Mann sich in so einem Fall nicht mehr von der Frau scheiden lassen konnte.

Praktizierte Sexualität bedeutete die Übernahme von Verantwortung füreinander.

Dieses Bewusstsein ist in der heutigen Zeit weitgehend verloren gegangen und es wäre schön, wenn es wieder entdeckt werden könnte.

Die sexuelle Unberührtheit hatte einen so hohen Stellenwert, dass eine Frau gesteinigt werden konnte, wenn sich herausstellte, dass sie bei der Eheschließung nicht mehr Jungfrau war *(5. Mose 22,13ff.)*. Aber auch Männern drohte bei sexueller Verfehlung die Todesstrafe *(5. Mose 22,25)*.

Sexualität im Neuen Testament

Grundsätzlich kann man sagen, dass Jesus die Gebote über vorehelichen Geschlechtsverkehr an keiner Stelle aufgehoben hat, so dass die Grundaussage des Alten Testaments bestehen bleibt. Aber auch im Neuen Testament findet man eindeutige Stellen. In *1. Korinther 7,38* lesen wir: *»Also, wer seine Jungfrau heiratet, der handelt gut« (Luther-Übersetzung)*. In *1. Thessalonicher 4,3-5* werden alle Männer aufgefordert, sich ihre Frauen in

Heiligung und Ehrbarkeit zu erwerben, dass sie sich der Unzucht enthalten und sich nicht den zügellosen Begierden hingeben sollen. Es gibt noch viele andere Stellen, die ausdrücklich vor Unzucht warnen *(z.B. Galater 5,19; 1. Korinther 6,18f.).*

Was aber ist Unzucht?

Wenn das Neue Testament von Unzucht spricht, ohne dies genau zu definieren, dann setzt es beim Leser ein gewisses Vorverständnis voraus, das vom Alten Testament geprägt war und jede Art von außerehelicher Sexualität meinte. Mehr noch: War im Alten Testament nur die Tat verwerflich, so weitet das Neue Testament den sündigen Umgang mit Sexualität bis in die Gedankenwelt hinein aus und macht damit deutlich: Ehebruch und sexuelle Verfehlung beginnen im Kopf! Jesus sagt, dass die sexuelle Verfehlung dann anfängt, wenn man außerhalb der Ehe jemand lustvoll mit bestimmten Absichten und Gedanken beobachtet *(Matthäus 5,28).*

Sexuelle Verfehlung beginnt im Herzen und in der Gedankenwelt eines Menschen.

Dass es bei einer solchen Verschärfung der Grenzen bis hinein in die verborgenen Seiten des Herzens der Vergebung und der Gnade bedarf, ist ebenfalls eine wichtige und zentrale Aussage des Neuen Testaments.

Jeder, der sich verfehlt, hat die Möglichkeit zur Umkehr und Vergebung.

Ganz deutlich zeigt uns das Neue Testament, dass die Zeit für Todesstrafe und Steinigung endgültig vorbei ist. Gott gibt jedem immer wieder die Chance für einen neuen Anfang.

Gottes Hilfe und Rat für Jugendliche

Entdecke die Einmaligkeit und den Wert des ersten Mals

Im Laufe der letzten 50 Jahre haben wir verlernt, sexuelle Unberührtheit als etwas Wertvolles anzusehen. In der Bibel brachten Frauen sogar in ihrer Kleidung zum Ausdruck, dass sie noch mit keinem Mann geschlafen hatten (*2. Samuel 13,18): »Sie trug ein langes Gewand, wie es damals für die*

> Die sexuelle Unberührtheit ist ein Schatz, den du nur einmal verschenken kannst.

Töchter des Königs, die noch Jungfrauen waren, Brauch war.« Kannst du dir vorstellen, dass so etwas heute möglich wäre, wo man sich doch eher schämt, wenn man noch keine sexuellen Erfahrungen vorweisen kann? Vertrau deinem inneren Gefühl und lass dich nicht zu etwas hinreißen, das dir später Leid tut.

Pass dich nicht der Welt an

Daran schließt sich die Frage an, was für uns Christen normal ist. Das, was alle tun, oder das, was Gottes Wort sagt? Gott fordert uns in *Römer 12,2 auf: »Deshalb orientiert euch nicht am Verhalten und an den Gewohnheiten dieser Welt, sondern lasst euch von Gott durch Veränderung eurer Denkweise in neue Menschen verwandeln.«* Auch wenn alle vorehelichen Sex für normal halten, widerspricht das dem, was Gott sich für uns wünscht. Nun musst du dich entscheiden: Welchen Maßstab nimmst du an?

Entscheide dich für: Wahre Liebe wartet

> Es ist leichter, Überzeugung durchzuhalten, wenn ich eine klare Entscheidung getroffen habe.

Wenn du aus den bisherigen Ausführungen erkannt hast, dass es Gottes Wille ist, mit der Sexualität bis zur Ehe zu warten, dann musst du eine Entscheidung treffen, die dir keiner abnehmen kann. Wenn ich zum Beispiel sage: »Donnerstags treibe ich immer Sport.«, dann frage ich mich nicht jeden Donnerstag, ob ich heute Lust habe, oder ob ich doch vielleicht lieber mit Freunden zu McDonalds gehe. Es ist Donnerstag und damit Sporttag. Triff eine Entscheidung, sprich darüber mit deinem Partner, dann entfällt der ständige Kampf.

Wecke die Liebe nicht auf

Im *Hohen Lied der Liebe* wird an drei Stellen (*2,7; 3,5; 8,4*) eindringlich darum gebeten, die Liebe nicht vorzeitig aufzuwecken, was durch Zeitschriften, Bücher und Filme, zu frühe Freundschaften und Freunde, die schon Erfahrungen gemacht haben, geschehen kann. Denn es ist leichter, auf etwas zu verzichten, was man noch nicht als schön empfunden hat. Wenn man etwas aufwecken kann, kann man es auch wieder einschlafen lassen. Hast du schon sexuelle Erfahrungen gemacht? Drängen dich deine sexuellen Phantasien, Wünsche und Bedürfnisse manchmal Dinge zu tun, die du eigentlich gar nicht willst? Dann triff **heute** eine Entscheidung, deine zu früh erweckte Sexualität wieder einschlafen zu lassen. Bitte Gott im Gebet um Hilfe. Wenn ich heute Witwe würde, wäre mein erstes Gebet: »Vater im Himmel, ich bitte dich, dass du meine Sexualität wieder einschlafen lässt, für immer oder bis zu dem Tag, an dem ich wieder heiraten werde.« Es ist ein sehr gutes Gefühl, wenn ich meine Wünsche im Griff habe, und es ist oft demütigend, wenn es umgekehrt ist. Kannst du aus Liebe zu deinem zukünftigen Partner und zu dir auf die Sexualität verzichten, bis der Tag kommt, an dem ihr euch beide ganz sicher seid und heiratet? Mit Gottes Hilfe ist es leichter!

Durch Verzicht reif zu werden, ist eine wichtige Erfahrung.

Schließe einen Bund mit deinen Augen

Über Hiob lesen wir in *Hiob 31,1ff.*, dass er sich dazu verpflichtet hat, kein Mädchen als Lustobjekt anzuschauen. Heute müsste man den Bund mit den Augen auf viele Bereiche ausdehnen. An jeder Plakatwand, in vielen Zeitschriften und Kinofilmen wird Sexualität angepriesen und ohne diese feste Entscheidung im Herzen, Verantwortung für das zu übernehmen, was ich sehe, kann es nicht gelingen, enthaltsam bis zur Ehe zu leben. Kannst du Verantwortung für das, was du siehst, übernehmen? Hast du bei bestimmten Filmszenen schon mal die Augen geschlossen oder sogar den Fernseher ausgemacht? Wie gehst du mit den Versuchungen im Internet um?

Behüte dein Herz

In *Sprüche 4,23* bittet Gott uns, auf unser Herz aufzupassen, es zu schützen. Die meisten Geschichten in deinem Leben schreibst du selbst. Gott sagt: »Überschlage die Kosten, bevor du den Turm baust« *(vgl. Lukas 14,28)*. In der Situation der Versuchung sind die Gefühle zu stark. Dann sagt man: »Ich konnte nicht anders, ich bin hineingeschlittert.« Deshalb ist es wichtig, sich heute Gedanken zu machen.

Wie könnte eine Strategie für dich aussehen, wenn du dir vorgenommen hast, mit dem Intimverkehr bis zur Ehe zu warten?

- Nicht mit jemand allein auf sein Zimmer gehen, den man aufreizend findet.

- Mit dem Freund/der Freundin klare Absprachen treffen, wie weit die Zärtlichkeit gehen darf.

Werde eine reife Persönlichkeit

In *Epheser 5,31-32* finden wir eine Reihenfolge des Beziehungsaufbaus. Erst sollte ein junger Mensch reif genug sein, um sein Elternhaus zu verlassen und eigenständig leben zu können. Danach wird er einen Ehevertrag mit einer Frau eingehen, der unauflöslich ist. Gott hält seine Bündnisse mit den Menschen und wir sollten ihn als Vorbild nehmen. Nachdem der Ehebund geschlossen ist, werden die zwei ein Fleisch werden.

Wirb um eine Frau »in Reinheit«

In *1. Thessalonicher 4,3-5* wird der junge Mann darauf hingewiesen, dass eine Frau zu ehren ist. Die Brautwerbung sollte in Heiligung und Ehrbarkeit erfolgen. Das Ziel ist lebenslange Treue, nicht flüchtige Lust. Nicht *ich* bin der Mittelpunkt, nicht *meine* Bedürfnisse müssen befriedigt werden, sondern wir sollen dazu reifen, uns gegenseitig als Geschenk zu sehen. Eine Volksweisheit sagt: »Nicht der sollte heiraten, der glücklich *werden* will, sondern, der, der glücklich *machen* will.«

Verwechsle Begierde nicht mit Liebe

In *2. Samuel 13,1-22* lesen wir in aller Offenheit, wie Begierde von einem Menschen Besitz ergreift und was daraus werden kann:

Amnon, der erstgeborene Sohn von König David, verliebte sich in seine Halbschwester Tamar. Sein Verliebtsein wurde so stark, dass er an nichts anderes mehr denken konnte. Er wurde krank vor Liebe, aß nichts mehr und grämte sich, weil es ihm unmöglich erschien, seine Liebe auszuleben und ihr somit etwas anzutun. Amnon hatte einen sehr erfahrenen Freund, Jonadab, der ihm riet, sich krank zu stellen und dann seinen Vater David zu bitten, Tamar zu ihm zu schicken. Sie sollte Kuchen backen und ihm den Kuchen ins Zelt bringen. Als er Tamar so nah bei sich spürte, überwältigte ihn die Lust. Tamar versuchte, ihn von seinem Vorhaben, mit ihr zu schlafen, abzubringen. Sie warnte ihn erstens vor ihrer Schande, zweitens vor seiner Schande, drittens zeigte sie ihm einen Ausweg, bat um Geduld und schlug ihm vor, David um ihre Hand zu bitten. Doch Amnons Begierde war übermächtig und so vergewaltigte er sie. Im gleichen Moment schlug Liebe oder besser gesagt Begierde in Hass um. Er schickte sie fort.

Säe Liebe

Kennst du das Gesetz von Saat und Ernte? Wenn ich einen Apfelkern in den Boden lege, wird daraus ein Apfelbaum und kein Birnbaum. Genauso ist das im Zwischenmenschlichen. Wenn ich Menschen immer wieder versetze, belüge oder benutze, muss ich mich nicht wundern, wenn sie das Gleiche mit mir tun. *In Hosea 8,7 steht: »Sie haben Wind gesät, werden aber einen Sturm ernten.«* Und an anderer Stelle (Galater 6,7) lesen wir: *»Täuscht euch nicht! Macht euch klar, dass ihr Gott nicht einfach missachten könnt, ohne die Folgen zu tragen. Denn was ein Mensch sät, wird er auch ernten.«* Säe Liebe und du wirst Liebe ernten. Vielleicht sagst du jetzt: Das stimmt nicht. Ich habe Liebe gegeben, aber keine bekommen. Ich glaube, dass es nicht immer so ist, dass der Mensch, dem ich Liebe gebe, sie mir auch zurückgibt, sondern dass es wie ein Kreislauf ist. Unter dem Strich ist es trotzdem so, dass ein liebevoller Mensch auch mehr Liebe bekommt als ein unfreundlicher. Manchmal hat man den Eindruck, dass rücksichtslose Menschen im Leben weiter kommen, aber auf das ganze Leben betrachtet, scheint es nicht zu stimmen. Auf Dauer lohnt sich unmoralisches Verhalten nicht. Auch wenn Untreue in eine Beziehung kommt, steht zunächst der Reiz des Neuen im Vordergrund. Wenn dann aber alles auffliegt, und Beziehungen unter vielen Schmerzen zerbrechen, spürt man, dass alles, was wir tun, auch seinen Preis fordert.

Achte den anderen als Geschenk

»Liebe deinen Nächsten wie dich selbst« (Matthäus 22,39) drückt aus, dass du mit dem anderen so umgehen sollst, wie du gerne behandelt werden möchtest. Willst du im sexuellen Bereich benutzt werden, damit ein anderer Erfahrungen sammeln kann? Akzeptierst du eine Dreiecksbeziehung, weil du Verständnis hast, dass der andere sich nicht zwischen zweien entscheiden kann? Möchtest du belogen werden?

> Versetz dich in den anderen und du wirst einen feinen Gradmesser für dein Handeln haben.

Bitte Gott um Hilfe

Gott sagt an vielen Stellen in der Bibel, dass er gerne hilft. *Psalm 121,2: »Meine Hilfe kommt vom Herrn ...«* Psalm 50,15: *»Vertraue auf mich, wenn du in Not bist ...«* Gott fordert uns auf, ihn zu prüfen, ob sein Wort wahr ist *(Maleachi 3,10): »Stellt mich doch damit auf die Probe ...«*

Sehr eindrucksvoll ist das Bild eines Streichholzes, das allein leicht durchbricht, aber verbunden mit einem Nagel nicht zerbrochen werden kann. So ist es auch, wenn wir mit Jesus Christus verbunden sind. Er wird uns schützen.

Erwarte Hilfe,
wenn Gott
sie zusagt!

Leg die eigenen Grenzen fest

Wann bin ich zu weit gegangen? Das ist eine oft gestellte Frage, auf die ich wie folgt antworten möchte. Stell dir eine Wiese auf einer Hochebene vor. Rechts oben steht die Sonne am Himmel, ein Schaf weidet und läuft langsam, aber sicher auf den Abgrund zu, der senkrecht in die Tiefe abfällt. Oft benehmen wir uns so wie dieses Schaf. Die Sonne symbolisiert in diesem Bild Gott und du könntest fragen: »Vater im Himmel, wie weit kann ich gehen, bevor ich in den Abgrund stürze? Ist ein Kuss in Ordnung, ein Zungenkuss? Petting?« Und dann gehst du immer weiter weg von Gott. Die richtige Haltung wäre: »Vater im Himmel, ich drehe mich zu dir um und frage dich: Was bedeutet für dich Reinheit in Gedanken? Wie kann ich lernen, Menschen des anderen Geschlechts in Achtung zu begegnen und mich nicht von sexuellen Fantasien leiten zu lassen? Wo ist bei dir die Grenze?« Ich habe es immer wieder erlebt, dass Gott auf so eine Haltung antwortet. Du bekommst ein Gefühl dafür, was gut und richtig ist. Gott lehrt dich durch die Bibel, in deine Gedanken hinein, durch andere Menschen.

Lass dir vergeben

Wenn du merkst, dass du im Sexuellen schon zu weit gegangen bist, dann kannst du Gott um Vergebung bitten. Es ist ein großes Geschenk, dass Gott schon hier auf Erden Schuld vergibt. *Micha 7,18: »Wo ist ein Gott wie du, der die Sünden vergibt und die Missetaten seines Volkes verzeiht?«* Dazu ist Gott auch ein Gott der Wiederherstellung. Musst du noch andere Menschen und Gott um Vergebung bitten? Je eher du es tust, desto eher wirst du wieder frei.

Jesus ist der Arzt,
der nicht nur körperliche
Krankheiten heilen kann,
sondern auch seelische
Verletzungen.

Vergib

Bist du von jemand verletzt, benutzt oder hintergangen worden, dem du noch nicht vergeben hast? Es kann auch sein, dass du bisher mit der Sexualität gewartet hast und jetzt jemanden kennen lernst, bei dem es nicht so war. Dadurch bist du sehr verletzt und unendlich traurig, dass ihr die sexuelle Liebe später nicht gemeinsam entdecken könnt. Bitte Gott, dir zu helfen, zu vergeben. Bitte ihn zu heilen und sprich die Vergebung dem anderen gegenüber aus, wenn es zwischen euch steht.

Im Vaterunser steht in *Matthäus 6,12: »Vergib uns unsere Schuld, wie auch wir denen vergeben haben, die an uns schuldig geworden sind.«* Gottes Bitte an uns ist zu vergeben. Nicht verdrängen, nicht verstehen, sondern vergeben. Das heißt: auf Rache verzichten, nicht mehr nachtragen, und Beziehungen eine Chance geben, geheilt zu werden.

Vielleicht musst du auch dir selbst vergeben, das ist oft das Schwerste.

Ich wünsche dir, dass du gute Entscheidungen triffst und erlebst, wie Gott deine Entscheidungen segnet und dir hilft, zu deinen Entscheidungen zu stehen.

Was sagt die Bibel zum Thema Selbstbefriedigung?

Selbstbefriedigung ist ein wichtiges Thema unter Jugendlichen. Damit verbunden ist oft eine große Not, besonders unter denen, die es eigentlich nicht machen wollen, es aber auch nicht schaffen, davon loszukommen. Wieder andere gehen ganz locker mit dem Thema um nach dem Motto: »Das machen doch alle. Was soll da schon Schlechtes dran sein.«

Geschieht Selbstbefriedigung gelegentlich und vorübergehend, ohne dass man sie bewusst herbeiführt, indem man sich durch das Anschauen von einschlägigen Filmen und Zeitschriften erregt, fällt es bestimmt nicht unter den Begriff Sünde. Aber man sollte sich vor Augen führen, dass die Sexualität von ihrem Wesen her auf ein Du ausgerichtet ist und nicht auf das Ich. Wenn ich mich jahrelang selbst befriedigt habe, kann ich oft nicht damit aufhören, wenn ich heirate. Viele Menschen nehmen die Selbstbefriedigung mit in die Ehe und berauben sich letztendlich der sexuellen

Zweisamkeit. Sie werben nicht umeinander, sondern ziehen sich dann zu sich selbst zurück. Man könnte sagen, dass permanente Selbstbefriedigung vom ursprünglichen Plan der Sexualität her Zielverfehlung ist.
Ich war tief bewegt, als eine Frau mir Folgendes erzählte: »Mein Mann fährt oft für 1-2 Wochen weg. Als er dann eines Tages nach Hause kam, dachte ich, dass er sich nach mir sehnt. Ich habe jeden Tag gezählt und mir alle sexuellen Gefühle für den Moment aufgehoben, wenn wir wieder beieinander waren. Aber er schien gar kein Bedürfnis nach sexueller Vereinigung zu haben. Als ich ihn fragte, wie das sein könne, meinte er nur, er habe sich immer wieder selbst befriedigt.« Es bewegte den Mann sehr tief, dass seine Frau auf ihn gewartet hatte, und er bat sie um Vergebung, dass er ihnen beiden einen wichtigen Ausdruck der Liebe weggenommen hatte.

Das Wort Selbstbefriedigung findet man nicht genauso in der Bibel, aber zwei Bibelstellen sprechen indirekt davon:

In *Judas 8* wird von Männern gesprochen – *»Träumer, die ihr Fleisch beflecken«*. Sicher sind hier nicht nächtliche Samenergüsse gemeint, die während der Pubertät auftreten, sondern Träume, die dadurch entstehen, dass man sich tagsüber mit sexuellen Fantasien beschäftigt hat. In Träumen verarbeiten wir oft, was wir tagsüber erleben, sehen und uns vorstellen.

Die andere Bibelstelle steht in *Jesus Sirach 23,16-17: »Zwei Arten von Menschen begehen Sünden und die dritte bringt Strafe über sich: Wer voll brünstiger Gier ist, der ist wie ein brennendes Feuer und hört nicht auf, bis er sich selbst verzehrt hat. Ein Mann, der an sich selbst Unzucht treibt, hat keine Ruhe, bis das Feuer ausgebrannt ist.«*

Andere Bibelstellen kann man noch mit einbeziehen, bei denen auf die Gedanken- und Fantasiewelt als Auslöser für die Selbstbefriedigung und den suchtartigen Charakter der Selbstbefriedigung eingegangen wird.

Selbstbefriedigung geht oft mit Fantasien einher

In *Matthäus 5,28* steht: »Wer eine Frau auch nur mit einem Blick der Begierde ansieht, hat im Herzen schon mit ihr die Ehe gebrochen.« Dies zeigt mir, dass Sexualität sehr viel mit Fantasien und Gedanken zu tun hat. Ich glaube, dass es kaum Selbstbefriedigung ohne Fantasien gibt. Gott möchte aber nicht, dass wir uns durch andere Dinge als durch unseren Ehepartner erregen lassen. Wenn du dir also einen Film ansiehst und hinterher sexuelle Bedürfnisse hast, dann ist es ein selbstgemachtes Problem. Viele sehen sich sogar bewusst pornografische Zeitschriften und Filme an, um sich hinterher oder dabei selbst zu befriedigen. Ich kann mir nicht vorstellen, dass Gott sich darüber freut, wenn wir anderen beim Geschlechtsverkehr zuschauen und uns dadurch erregen lassen. Geschlechtsverkehr heißt auch Intimverkehr. Intim heißt verborgen, geheim, eine Art der Liebe, die nur zwei Menschen gehört. Du hast die Verantwortung für das, was du dir ansiehst. Triff die Entscheidung, dich nur durch deinen zukünftigen Ehepartner erregen zu lassen.

Selbstbefriedigung kann suchtartigen Charakter haben

In *2. Petrus 2,19* lesen wir: »Denn wovon man sich beherrschen lässt, dessen Sklave ist man.« Wie schon angedeutet, hat Selbstbefriedigung oft einen suchtartigen Charakter. Man kann oft gar nicht mehr ohne leben und macht es immer öfter. Fliehst du in sexuelle Gefühle, wenn Druck kommt oder sich Versagen einstellt? Spätestens dann ist es für mich nicht mehr in Ordnung. Möchtest du, dass die Sexualität über dich regiert und dich beherrscht? Du hast die Wahl!

Zu viele Jugendliche geben sich in die Abhängigkeit von Nikotin, Alkohol, Drogen und Sexualität. Sie fühlen sich erwachsen und merken gar nicht, wie sie nur scheinbar die große Freiheit genießen.

Freiheit ist ein kostbares Gut. Wir sollten es nicht leichtfertig aus der Hand geben.

Weg aus der Selbstbefriedigung

Beantworte doch folgende Fragen für dich persönlich:

- Warum mache ich Selbstbefriedigung?
- Will ich das wirklich?
- Bin ich abhängig?
- Was löst bei mir Selbstbefriedigung aus?

Wenn du für dich die Entscheidung getroffen hast, davon loszukommen, dann kannst du wie folgt beten: »Vater im Himmel, ich bekenne dir, dass mich meine sexuellen Begierden immer wieder dazu drängen, mich selbst

zu befriedigen, auch wenn ich es gar nicht will. Ich bekenne dir, dass ich die Selbstbefriedigung oft nutze, um zu fliehen und Stress abzubauen.
Ich bekenne dir, dass ich die sexuellen Bedürfnisse oft dadurch selbst auslöse, dass ich mir pornographische Schriften und Filme ansehe. Ich habe erkannt, dass ich abhängig geworden bin und ich löse mich im Namen von Jesus von der Selbstbefriedigung. Bitte vergib mir.« Trenne dich von pornographischem Material und erkunde andere Wege, Stress abzubauen. Jeder Tag bringt eine neue Chance und eines Tages hast du es unter den Füßen. Am besten suchst du dir einen Menschen, dem du vertraust und den du in dein Vorhaben einweihst. Vielleicht macht er sogar mit.

Sei nicht entmutigt,
wenn du nicht von heute
auf morgen ohne
Selbstbefriedigung leben kannst.

Kapitel 8

Oft ungesagte Worte

Gedanken einer Mutter an ihre Tochter

Ich habe lange dazu gebraucht, mich als Frau so anzunehmen, wie ich bin. Oft dachte ich, dass Männer es auf dieser Welt einfacher hätten. Warum musste ich diese Zerrissenheit zwischen Beruf und Familie tragen, Kinder gebären und jeden Monat meine Periode bekommen? Außerdem empfinde ich, dass Frauen viel mehr Probleme mit ihrem Körper haben. Die meisten fühlen sich zu dick oder auch hässlich. Selbst von der Allgemeinheit anerkannt schöne Menschen lehnen sich ab, manchmal nur, weil sie Sommersprossen haben oder in ihren Augen zu klein sind. Je früher du dich so annimmst, wie du bist, desto weniger Leid liegt vor dir. Du kannst dein Geschlecht nicht ändern, deshalb ist es gut, es möglichst heute noch zu bejahen. Jedes Geschlecht hat seine Vor- und Nachteile. Wenn du ausnahmsweise mal bei Rot über die Ampel fährst, kann es passieren, dass ein Polizist dich zwar erwischt, aber dich nur liebevoll auffordert, es nicht noch einmal zu machen. Männer haben da schon schlechtere Karten und bekommen 99%ig einen Strafzettel. Als ich Mutter wurde, habe ich festgestellt, was für ein Vorrecht es ist, ein Kind austragen zu dürfen. Die Geburt ist zwar eine ziemlich schmerzhafte Angelegenheit, aber das Gefühl hinterher, wenn dein eigenes Kind in deinem Arm liegt, ist umso überwältigender. Auf den Zeitpunkt der Empfängnis und der Schwangerschaft bereitet sich der Körper einer Frau lange vor. Es ist wie ein Wunder, wenn es dann so weit ist.

Das Wunder des weiblichen Körpers

Jeden Monat stellt sich der Körper einer Frau darauf ein, ein Baby austragen zu können. Dazu wird die Gebärmutter mit einer superweichen, toppaktuellen Schleimhaut ausgelegt, damit die befruchtete Eizelle weich landet, wenn sie auf ihrer Reise durch den Eileiter dann in der Gebärmutter ankommt. Man könnte auch sagen, dass die Gebärmutter ein Kinderzimmer und die Schleimhaut wie ein Teppich und gleichzeitig eine Tapete ist. Manche stöhnen über die Monatsblutung, aber ist es nicht gut, zu wissen, dass für jedes Kind diese Schleimhaut extra aufgebaut wird? Vielleicht kann das trösten. Und wenn der Körper dann feststellt, dass keine befruchtete Eizelle angekommen ist, dann stößt er diese Schleimhaut bei der Monatsblutung wieder aus.

Beim ersten Mal, auch Menarche genannt, bemerkt man dann plötzlich ein paar Tropfen Blut in der Unterhose, ein sicheres Zeichen, dass man auf dem Weg ist, eine Frau zu werden.

Hast du die Menarche schon erlebt? Wie hast du dich bei der ersten Monatsblutung gefühlt? Welche Einstellung haben deine Mutter, deine Schwester oder deine Freundin zur Regel?

Schon lange vor dem Ereignis habe ich unserer Tochter gesagt, dass wir die erste Periode feiern werden. Als es dann so weit war, sind wir zusammen in die Stadt gegangen und sie durfte sich Stoff für ein Kleid aussuchen, dass ich ihr dann genäht habe.

Vielleicht bist du jetzt traurig, dass du nicht so begleitet wurdest. Vielleicht könnt ihr es ja noch nachholen, wenn du mit deinen Eltern darüber sprichst. Wenn das aber nicht geht, hast du vielleicht die Möglichkeit, es bei deiner kleineren Schwester oder deiner Freundin einzuführen. Lade sie zu einem Einkaufsbummel ein, bei dem sie sich ein Parfüm, ein paar Ohrringe oder ein T-Shirt aussuchen darf. Oder geht zusammen Eis oder Pizza essen. Wir müssen wieder neue Rituale auf dem Weg zum Erwachsenwerden entwickeln.

Kennst du jemanden, dem du vertraust und den du fragen kannst, was man gegen Periodenschmerzen tun kann, wie der Umgang mit Tampons klappt und was die Vor- und Nachteile der Binden sind? Vielleicht interessiert es dich auch, wie viel Blut man während der Regel verliert. Es sind normalerweise nur etwa 60 ml Blut in 5 Tagen, das ist eine $^1/_2$ Kaffeetasse voll.

Ich wünsche dir eine Person, die dich auf der Reise, erwachsen zu werden, begleitet, bei der du alle Fragen loswirst und die dir vermittelt, dass es keine dummen Fragen gibt.

Gedanken eines Vaters an seine Tochter

Du bist nicht altmodisch, wenn ...

... du bis zur Ehe wartest! Ich denke, es ist wichtig, dir zu sagen, dass es Unterschiede in der Sexualität zwischen Mann und Frau gibt und du dich vor der drängenden Art der Sexualität, wie sie bei Männern überwiegend zu finden ist, schützen darfst. Die so genannte sexuelle Befreiung der 68-er beseitigte einen wichtigen Schutz für die weibliche Sexualität. Männer finden bekanntlich Erregung und Befriedigung durch äußere Reize, während die weibliche Sexualität mehr auf Beziehung, Nähe und das Gefühl, sich auf den anderen verlassen zu können, reagiert. Ungezügelte, lustorientierte Sexualität, wie sie in den Medien und der Werbung propagiert wird, kommt eher der männlichen Sexualität entgegen. Wie oft habe ich in der Seelsorge von jungen Frauen gehört, dass sie sich von Männern ausgenutzt und benutzt fühlten. »Sei nicht so zickig, stell dich nicht so an, was bist denn du für eine, alle machen es ... bei dir stimmt wohl was nicht ...« Das sind Aussprüche, mit denen sich viele Männer Frauen gefügig machen. Wer möchte schon als verklemmt gelten, also geben viele Frauen ihre Grenzen auf und bereuen es hinterher bitter.

Ich möchte dir sagen, dass du nicht altmodisch, zickig oder verklemmt bist, wenn du dich aufhebst. Es ist wichtig, sich vor der gefährlichen Seite der männlichen Sexualität zu schützen. Wenn wir schon beim Thema sind: Weißt du eigentlich, was eine freizügige Art der Kleidung mit den Jungs in ihrem Inneren anstellt, weil sie ja auf äußere Reize reagieren? Wenn deine Röcke sehr kurz sind, die Tangas beim Bücken aus den Jeans schauen, die Blusen durchsichtig oder die T-Shirts sehr weit ausgeschnitten sind, dann entsteht bei Jungs oft ein Feuerwerk an Gefühlen, auch wenn sie es gar nicht wollen. Deshalb ist es nicht altmodisch, sondern rücksichtsvoll gegenüber deinen männlichen Schulkameraden und Freunden, wenn du nicht jeden Trend der Mode mitmachst.

Entziehe dich der »Verpflichtung zur Intimität«

Die Pubertät kann für dich eine sehr kritische und verwundbare Phase im Leben sein. Du entwächst dem Schutz des Elternhauses, die Gruppe der Gleichaltrigen gewinnt mehr und mehr an Bedeutung und die Gesellschaft tritt mit ihren Erwartungen an dich heran. Für welchen Beruf bist du geeignet? Wie intelligent, leistungsfähig und produktiv, wie nützlich kannst du für die Gesellschaft, die Wirtschaft oder den Staat sein? Durch Eignungstests und Intelligenztests fühlst du dich auf dem Prüfstand. All das ist zutiefst verunsichernd. Du bist doch noch auf der Suche nach deiner eigenen Identität. Weil du innerlich verunsichert bist, brauchst du gerade jetzt für deine Intimität Schutz. Willst du wirklich im Bereich des Persönlichsten

Intimes preisgeben, dich ausprobieren lassen und notwendige Grenzen zum Schutz deiner Persönlichkeit opfern? Es war der bekannte Psychologe Erik Erikson, der darauf hinwies, dass die »Verpflichtung zur Intimität« in dieser hochsensiblen Phase statt zur Identitätsfindung zur Identitätsdiffusion und damit zum Zusammenbruch der Persönlichkeit führen kann.[32]

Habe den Mut, deine Intimität zu bewahren. In Vorträgen erlebt man, dass Menschen innerlich tief bewegt und betroffen sind, wenn man über diese Zusammenhänge spricht. Nicht gering schätzendes Lächeln oder Spott sind die Reaktion, sondern Betroffenheit über Wahrheiten, die jeder Mensch in sich trägt, auch wenn er es nicht zugibt. Es ist eine Lüge, dass Sexualität möglichst früh erlebt werden muss. Der passende Zeitpunkt für das Erleben von Intimität ist die Zeit nach der Eheschließung.

In der Tiefe seines Wesens empfindet ein Mann Bewunderung für eine Frau, wenn sie sich bewahrt, und ich glaube sogar, dass in jedem Mann der Wunsch tief verwurzelt ist, dass seine Frau wirklich nur seine Frau ist.

Nun möchte ich dir noch einen Brief zu lesen geben, den ein Vater an seine Tochter schrieb.

Liebe Marie[33],
als ich heute Nachmittag so unvermittelt ins Wohnzimmer kam und dich mit deinem Freund auf der Couch liegend sah, wurde mir ganz anders. Ich hab mich gefragt, ob ihr überhaupt wisst, was ihr da tut. Wenn ihr jetzt schon so viel körperliche Nähe zulasst, wie wollt ihr dann eure Freundschaft gestalten und entfalten? Vielleicht bist du dir gar nicht darüber im Klaren, dass die Sexualität eines Mannes in mancher Hinsicht ganz anders ist als die einer Frau. Ich fürchte, wenn die körperliche Intimität bei euch jetzt schon so eine Vorrangstellung hat, nehmt ihr euch eine wesentliche Möglichkeit, in eurer Liebesfähigkeit zu wachsen. Ein Junge, der dich attraktiv findet, muss dich noch lange nicht lieben. Ob dein Freund schon in der Lage ist, meine Tochter zu lieben, jenes einzigartige Mädchen, das es unter Millionen anderer nur einmal gibt? Dein Freund braucht deinen Widerstand, klare Grenzen,

Jede Beziehung lebt in allererster Linie vom Gespräch.

um seine körperliche Energie auch auf Dinge zu richten, welche die Beziehung fördern. Dazu gehört im Wesentlichen das Gespräch. Wenn ihr die körperliche Intimität zur Hauptsache macht, wird eure Beziehung sehr schnell leer laufen. Beziehungen, die leidenschaftlich begonnen haben, brechen heutzutage nicht umsonst so schnell wieder auseinander, weil oft kein Fundament gebaut worden ist, auf dem Liebe hätte wachsen können. Leider stellt man das allzu oft erst fest, wenn man schon miteinander im Bett war. Was übrig bleibt, ist nicht selten tiefe Beschämung. Leider wird darüber kaum gesprochen. Man beschwichtigt sich mit dem Gedanken, dass es wohl nicht der Richtige gewesen sei.

Nun weiß ich auch, wie schwer es dir fällt, dir von mir etwas sagen zu lassen. Natürlich denkst du, das Recht zu haben, jetzt erst einmal deine eigenen Erfahrungen zu machen. Das sollst du auch. Aber Erfahrungen sammeln und sich etwas antun, sind zwei verschiedene Dinge. Auch wenn deine Lust am Leben unbändig groß ist, bist du nicht unverwundbar und momentan riskierst du Verletzungen, deren Folgen dir möglicherweise ein Leben lang anhängen.

Wenn man die Erdgravitation erfahren will, ist es besser, man lässt harmlosere Dinge aus dem Fenster fallen als sich selbst.

Ich musste dir das alles so sagen, weil ich dich so sehr lieb habe. Du bist mir kostbar – viel zu kostbar, als dass ich gleichgültig zusehen könnte, wenn du dich in Gefahr begibst.

Ich hab dich lieb
Papa

Gedanken einer Mutter an ihren Sohn

Mein Sohn, ich bitte dich, deine Gefühle ernst zu nehmen, sie richtig einzuordnen und mit ihnen angemessen umzugehen. Mir fällt auf, dass Jungen oft sehr sensibel sind. Wenn sie noch klein sind, weinen sie schnell, erleben jedoch, dass sie besser keine Gefühle hätten. Jungs unter sich gehen sehr hart mit denen um, die weinen, nur weil sie hingefallen sind. »Heulsuse, Muttersöhnchen, Memme, Weichei!« – das sind noch die harmlosen Ausdrücke, mit denen sie bedacht werden. Auch von den Eltern hören sie öfters: »Nimm dich zusammen, was sollen denn die anderen von dir denken.« Später wundern wir Frauen uns, wenn Männer nicht weinen können, teilweise leiden Männer auch selbst darunter.

Gefühle können uns vor größerem Schaden bewahren
Wenn ich auf eine heiße Herdplatte fasse, schmerzt die Verbrennung und ich ziehe die Hand weg. Würde ich keine Schmerzen spüren, würde ich die Hand nicht wegziehen und hätte hinterher eine verkrüppelte Hand.

Mulmige Gefühle können uns in bestimmten Situationen warnen

Der 19-jährige Markus kommt von einer Freizeit zurück und fragt beim Frühstück: »Papa, kann ich das Auto haben, um zur Schule zu fahren?« Da der Vater das Auto selbst gerne hätte, bietet er ihm den Roller an. Es ist sehr windig draußen und der alte Roller ist etwas schwierig zu fahren. »Na gut, dann nehme ich den Roller«, sagt er. Seine Mutter spürt, dass Markus eigentlich nicht Roller fahren möchte, und ermutigt ihn, seine Gefühle ernst zu nehmen. »Hast du Angst, fühlst du dich nicht im Vollbesitz deiner Kräfte?«, bohrt sie nach und erzählt ihm, dass sie manchmal diese inneren Warnsignale überhört hätte. Sie sei dann trotzdem einkaufen gefahren, obwohl sie zu müde gewesen wäre und hätte dann einmal den Autoschlüssel im Auto stecken gelassen und die geschlossene Tür zugeschlagen. Ein anderes Mal habe sie einen Auffahrunfall verursacht, da sie unkonzentriert gewesen sei. Er solle lieber mit dem Auto fahren, als dass er einen Unfall bauen würde. Nach einigen Überlegungen sagt er: »Wenn ich ehrlich bin, habe ich ein komisches Gefühl bei dem Gedanken Roller zu fahren. Ich habe nur 10 Stunden in 4 Tagen geschlafen.«

Ein paar Tage später fährt er mit dem Roller. Auch diesmal hat er ein mulmiges Gefühl. Doch er übergeht das Gefühl und auf dem Rückweg fährt er an der Ampel auf das vor ihm stehende Auto.

Es ist bestimmt eine Gratwanderung, auf der einen Seite nicht zu verweichlichen, Ängste auch zu überwinden und Gefühle in den Griff zu bekommen, und auf der anderen Seite Gefühle als Frühwarnsystem zu verstehen.

Versuche deine Gefühle ernst zu nehmen oder sie auch mal dem Verstand unterzuordnen.

Auch im zwischenmenschlichen Bereich sind Gefühle sehr wichtig. Wenn ich den Schmerz des anderen nicht nachempfinden kann, kann ich nicht trösten.

> Frauen wünschen sich aber Männer, die mitfühlen können. Männer, an die man sich anlehnen kann und die trotzdem mit beiden Beinen im Leben stehen.

Deshalb ist es so wichtig, dass du auch lernst, für dich selbst zu sorgen. Erwirb neben handwerklichen und technischen Fertigkeiten auch die Fähigkeit, zu kochen, zu waschen und zu bügeln! Die Zeiten haben sich geändert. Heute muss ein Mann alles können. Er muss nicht alles machen, aber alles können. Jetzt hast du die Möglichkeit, dir spielerisch hausfrauliche Fähigkeiten anzueignen. Du wirst nie wieder so viel Zeit haben wie jetzt. Und es macht immer Eindruck, wenn man andere zum Essen einladen kann.

> Mädchen wollen als Mensch geliebt und begehrt sein und nicht nur als sexuelles Wesen.

Weißt du, wonach Mädchen und Frauen sich am meisten sehnen? Als Mensch geliebt zu werden – nicht nur sexuelles Wesen. Mädchen spüren, ob Jungs nur auf ihren Körper schauen.

Gedanken eines Vaters an seinen Sohn

Mädchen sind Menschen mit Würde und deshalb wünsche ich mir, dass du sie auch als solche behandelst und nicht mit ihnen spielst.

Ich weiß, dass ihr euch als Jungen in allem messen wollt. Der Wettkampf ist eure Welt. Jeder versucht der Erste, der Größte und der Schnellste zu sein. Das ist in Jungen auch so angelegt. Aber ich wünsche mir, dass du es im Bereich der Sexualität nicht so machst. Du musst nicht als Erster durchs Ziel gehen und überall stolz erzählen, dass du der Erste in der Klasse warst, der mit einem Mädchen geschlafen hat.

Fummeln, Berühren, Spielereien, nur um die eigene Lust und Neugierde zu befriedigen, verletzen die Würde des Mädchens, aber auch die eigene. Denke an deine Schwester! Möchtest du, dass man mit ihr leichtfertig, erniedrigend, nur die Lust befriedigend umgeht?

Jeder Mensch hat einen Intimbereich, den es zu schützen gilt. Ich bezeichne es als ein Geheimnis, das jeder Mensch besitzt. Jeder Körper ist anders gestaltet, auch die Geschlechtsteile sehen bei jedem Menschen etwas anders aus. Es gibt zwar einen anatomischen Grundbauplan, aber jeder Mensch ist einzigartig. Auch beim Orgasmus reagiert jeder Mensch individuell auf andere Weise und das ist gut so.

Wenn du dich mit Mädchen triffst,
so taste ihr Geheimnis nicht an,
es gehört dir nicht, es gehört ihrem
zukünftigen Ehemann.
Aber pass auch auf dich selbst
auf und lass dir dein
Geheimnis nicht entreißen.

Bewahre dich auf für deine einzige zukünftige Frau. Nur sie sollte dein Geheimnis kennen.

Wer den Intimbereich des anderen Menschen respektiert und sich selbst bewahrt, hat es leichter, bis zum Ende seines Lebens dem einen Partner treu zu sein.

Ich wünsche mir, dass aus dir ein verantwortungsbewusster junger Mann wird, dem man vertrauen kann – auch in der Sexualität.

Kapitel 9

Der Staat mischt mit

Der Staat hat es sich zur Aufgabe gemacht, Jugendliche vor sich selbst und vor anderen zu schützen. Zuwiderhandlungen werden bestraft. Das *Jugendschutzgesetz* befasst sich mit dem Schutz der Jugendlichen in der Öffentlichkeit und behandelt folgende Themen: Alkoholverkauf- und -verzehr, Aufenthalt an öffentlichen Orten, wie Diskotheken, Bars, Spielhallen und Kinos, sowie Rauchen in der Öffentlichkeit.

Oft sehen junge Menschen den Sinn solcher Gesetze nicht ein. Sie fühlen sich schon erwachsen und wollen selbst entscheiden. Aus Ärztesicht ist aber zum Beispiel das Gesetz, Jugendlichen unter 16 Jahren den Kauf von Alkohol zu verbieten, sehr sinnvoll. Kinder und Jugendliche können durch die Unreife der Leber Alkohol nicht so gut »verarbeiten« (verstoffwechseln) und können somit leichter eine Alkoholvergiftung bekommen. Natürlich hat keiner etwas dagegen, auf einer Familienfeier, auch schon vor dem 16. Lebensjahr, mal mit Wein oder Sekt anzustoßen. Aber wenn Jugendliche unkontrolliert Alkohol zur Verfügung haben, kann das gesundheitsgefährdend sein.

Die nachfolgende Tabelle[34] gibt einen guten Überblick über den Inhalt des Gesetzes.

Gesetz zum Schutz der Jugend in der Öffentlichkeit

		Kinder unter 14 Jahre	Jugendliche unter 16 Jahre	Jugendliche unter 18 Jahre
§3	Aufenthalt in Gaststätten	ˣverboten	ˣverboten	ˣerlaubt bis 24 Uhr
	Aufenthalt in Nachtbars etc.	verboten	verboten	verboten
§4	Abgabe/Verzehr von Branntwein, branntweinhaltigen Getränken u. Lebensmitteln	verboten	verboten	verboten
	Abgabe/Verzehr anderer alkoholischer Getränke z.B. Wein, Bier o.Ä.	verboten	* verboten	erlaubt
§5	Anwesenheit bei Tanzveranstaltungen u.A. Disco	verboten	ˣ verboten	bis 24 Uhr ˣ erlaubt

		Kinder unter 14 Jahre	Jugendliche unter 16 Jahre	Jugendliche unter 18 Jahre
	Anwesenheit bei Tanzveranstaltungen von anerkannten Trägern der Jugendhilfe	bis 22 Uhr erlaubt*	bis 24 Uhr erlaubt *	bis 24 Uhr erlaubt *
§6	Kinobesuch entsprechend der Altersbeschränkung	x bis 20 Uhr	x bis 22 Uhr	x bis 24 Uhr
§7	Abgabe von Videokassetten u. Bildträgern entsprechend der Altersbegrenzung	erlaubt	erlaubt	erlaubt
§8	Anwesenheit in öffentlichen Spielhallen, Teilnahme an Spielen mit Gewinnmöglichkeiten	verboten	verboten	verboten
	Benutzung von Bildschirm - Unterhaltungsgeräten ohne Gewinnmöglichkeiten	x verboten	x verboten	x erlaubt
§9	Rauchen in der Öffentlichkeit	verboten	verboten	erlaubt

x = mit diesem Zeichen gekennzeichnete Verbote oder zeitliche Begrenzungen werden durch die Begleitung eines Erziehungsberechtigten aufgehoben. Die Altersbegrenzung der Filme bleibt davon unberührt!!

* = erlaubt in Begleitung eines Personensorgeberechtigten

Das Sexualstrafrecht vom 1.4.1998

Auch im sexuellen Bereich zeigt sich der Staat verantwortlich, die Entwicklung der Kinder und Jugendlichen zu schützen. Ziel ist bei allen Gesetzen der Schutz des Einzelnen und das Recht auf freie Selbstbestimmung. Das Strafrecht setzt dann ein, wenn ein anderer oder die Allgemeinheit durch ein Verhalten verletzt oder gefährdet wird.

Was ist eine sexuelle Handlung?

Keine sexuelle Handlung	Sexuelle Handlung von einiger Erheblichkeit
Umarmung	Zungenküsse
Streicheln	Gegenseitiges oder einem anderen gezeigtes Onanieren

Gute-Nacht-Küsse	Entblößen der Geschlechtsteile eines anderen oder der weiblichen Brust
Sprechen über sexuelle Dinge	Betasten der Geschlechtsteile eines anderen oder der weiblichen Brust
	Petting
	Geschlechtsverkehr
	Entblößt bleiben, wenn jemand kommt.

Unterteilung in vier Altersstufen im Sexualstrafrecht

- Kinder bis 14 Jahre
- Jugendliche zwischen 14 und 16 Jahren
- Jugendliche zwischen 16 und 18 Jahren
- Volljährige ab 18 Jahren

Kinder bis 14 Jahren

Für Kinder bis zum Alter von 14 Jahren besteht ein umfassender Schutz. Jede sexuelle Handlung wird als sexueller Missbrauch eingestuft und ist strafbar, auch wenn das Kind oder dessen Erziehungsberechtigter zustimmt. Es spielt auch keine Rolle, ob ein Abhängigkeitsverhältnis ausgenutzt wird oder nicht.

Minderjährige sind vor sexuellen Handlungen Erwachsener, Jugendlicher und anderer Kinder zu schützen. Dies zu überwachen ist Aufsichtspflicht der Eltern bzw. der Lehrer oder Jugendleiter, denen die Kinder auf Zeit anvertraut werden.

Es ist verboten, sexuelle Handlungen an einem Kind durchzuführen oder durchführen zu lassen. Es ist auch strafbar, sexuelle Handlungen vor einem Kind vorzunehmen oder das Kind dazu zu bringen, sexuelle Handlungen an sich oder an Dritten vorzunehmen. Außerdem wird untersagt, dem Kind pornographische Schriften, Kassetten und Videos zu zeigen und in Gegenwart des Kindes Gespräche mit pornographischem Inhalt zu führen. Bereits der Versuch ist strafbar.

Jugendliche zwischen 14 und 16 Jahren

Bei Jugendlichen zwischen 14 und 16 Jahren machen sich Erziehungsberechtigte strafbar, wenn sie günstige Gelegenheiten für sexuelle Handlungen Minderjähriger schaffen. Jede sexuelle Handlung an, durch und vor Schutzbefohlenen ist verboten.

Viele Jungen und Mädchen wollen gerne nach einer Geburtstagsfeier gemeinsam in einem Raum übernachten. »Was soll denn da passieren, wenn wir alle zusammen sind?«, sagen die Jugendlichen dann zu ihren Eltern. Abgesehen davon, dass einige Erwachsene zugeben, ihre ersten sexuellen Erfahrungen gerade bei solchen Gelegenheiten gemacht zu haben, hat der Gesetzgeber dazu ganz klare Richtlinien. Sie lauten, dass ich mich bei Kindern bis zum 16. Lebensjahr strafbar mache, wenn ich günstige Gelegenheiten für den Geschlechtsverkehr schaffe.

Nicht nur Kinder, auch Eltern machen sich oft keine Gedanken über Folgen, die aus ihrem Handeln entstehen können. Eltern halten sich oft für großzügig, wenn sie ihrem Nachwuchs schon früh sexuelle Freiheiten geben. Aber welche Konsequenzen hat die Freizügigkeit, wenn eine 15-Jährige nach einer Party mit ihrem 17-jährigen Freund gemeinsam in einem Zimmer übernachten und diese dann schwanger wird? Nach dem Sexualstrafrecht könnten die Eltern des Mädchens die Eltern des Jungen dafür haftbar machen, dass sie günstige Gelegenheiten gewährt haben (§ 180 Abs. 1. Abschnitt 2).

Da Kinder bis zum 14. Lebensjahr vor sexuellen Handlungen geschützt werden sollen, macht sich ein 15-Jähriger strafbar, der eine 13-Jährige verführt, sexuelle Handlungen vorzunehmen. Die Schuldfähigkeit und damit die Strafbarkeit ist bei Kindern unter 14 Jahren ausgeschlossen, aber ab 14 Jahren gegeben.

Jugendliche zwischen 16 und 18 Jahren

Bei Jugendlichen zwischen 16 und 18 Jahren ist es noch strafbar, die sexuelle Handlung von Jugendlichen zu fördern.

Jede sexuelle Handlung an, durch und vor Schutzbefohlenen unter Ausnutzung des Abhängigkeitsverhältnisses ist verboten.

Jugendliche ab 18 Jahren

Erwachsene sind für ihr Tun und die Folgen selbst verantwortlich. Bestraft wird, wer eine Frau mit Gewalt oder Androhung von Gewalt zu sexuellen Handlungen zwingt.

Das Sexualstrafrecht vom 1.4.1998 im Überblick

Eltern müssen ihre Verantwortung als Erziehungsberechtigte wahrnehmen. Sie sind vom Staat dazu sogar verpflichtet.

Eltern können Jugendlichen nicht alles erlauben nach dem Motto: »Es machen doch alle.«

Unter sexuellem Missbrauch wird jede sexuelle Handlung von erheblicher Bedeutung verstanden.

bis 14 Jahre	14-16 Jahre	bis 18 Jahre	über 18 Jahre
§ 176 StGB:	§174 StGB	§174 StGB Abs.1 Nr.1; Abs.2+3	§177
sexueller Missbrauch von Kindern	sexueller Missbrauch von Schutzbefohlenen	sexueller Missbrauch von Schutzbefohlenen unter Ausnutzung des Abhängigkeitsverhältnisses	sexuelle Nötigung und Vergewaltigung
Strafbar ist:	Strafbar ist:	Strafbar ist:	Strafbar ist:
Jede sexuelle Handlung, die an dem Kind vollzogen wird.	Jede sexuelle Handlung, die an einem Schutzbefohlenen vollzogen wird.	Jede sexuelle Handlung, die an einem Schutzbefohlenen vollzogen wird.	Sex. Nötigung und Vergewaltigung
Jede sexuelle Handlung, die man von dem Kind an sich machen lässt.	Jede sexuelle Handlung, die man von dem Schutzbefohlenen an sich machen lässt.	Jede sexuelle Handlung, die man von dem Schutzbefohlenen an sich machen lässt.	
Jede Aufforderung, sexuelle Handlungen an Dritten zu vollziehen.	Jede Aufforderung, dass der Schutzbefohlene sexuelle Handlungen an sich selbst vollzieht.	Jede Aufforderung, dass der Schutzbefohlene sexuelle Handlungen an sich selbst vollzieht.	
Jede Aufforderung, dass das Kind sexuelle Handlungen an sich selbst vollzieht.	Jede sexuelle Handlung, die vor dem Schutzbefohlenen vorgenommen wird.	Jede sexuelle Handlung, die vor dem Schutzbefohlenen vorgenommen wird.	

bis 14 Jahre	14-16 Jahre	bis 18 Jahre	über 18 Jahre
§ 176 StGB:	§174 StGB	§174 StGB Abs.1 Nr.1; Abs.2+3	§177
Jede sexuelle Handlung, die vor dem Kind vorgenommen wird. Jeder Kontakt mit pornografischem Material	jeder Versuch	jeder Versuch	
jedes Reden über Pornografie jeder Versuch			
	§180 StGB Abs. 1	§180 StGB Abs. 3	
	Förderung sexueller Handlungen Minderjähriger	Förderung sexueller Handlungen Minderjähriger	
	Strafbar ist:	Strafbar ist:	
	Fördern, vermitteln, gewähren und verschaffen von Gelegenheiten sexueller Handlungen Minderjähriger.	Förderung sexueller Handlungen Minderjähriger durch Missbrauch der mit dem Schutzverhältnis verbundenen Abhängigkeit.	
	Förderung sexueller Handlungen Minderjähriger durch Missbrauch der mit dem Schutzverhältnis verbundenen Abhängigkeit.		
	jeder Versuch	jeder Versuch	
	§182 Abs. 2		
	Verführen einer Person unter 16 Jahren zum Beischlaf.		

Kapitel 10

Ehe?

Unsere Gesellschaft hat sich daran gewöhnt, dass man einfach so ohne Hochzeit zusammenlebt. Die Älteren machen es, um ihre Renten als Verwitwete zu behalten, was ihnen eine gewisse Unabhängigkeit gibt, und die Jungen, weil sie Ehe ausprobieren oder erst nach der abgeschlossenen Ausbildung heiraten wollen. Nachvollziehbare Gründe findet man viele.

Oft hört man das Argument: »Eigentlich sind wir auch ohne Standesamt verheiratet. Es kommt doch nur darauf an, dass wir uns gegenseitig ein Versprechen geben.« Oder: »Wir fühlen uns wie verheiratet.«

Manche fragen sich auch: »Wann beginnt denn Ehe? Auf dem Standesamt? In der Kirche? Oder wenn wir das erste Mal miteinander geschlafen haben?«

Ganz Spitzfindige bringen noch andere Kulturen mit in die Diskussion ein und sagen, dass es ja überall anders gehandhabt wird, mal mündlich per Handschlag, mal schriftlich mit einem Vertrag.

Interessanterweise sprechen die gleichen Menschen, die meinen, sie seien auch ohne Standesamt verheiratet, aber nicht von Scheidung, wenn sie wieder auseinander gehen, was dann aber eigentlich logisch wäre, oder etwa nicht?

Ehe beginnt auf dem Standesamt

Ehe[35] ist die rechtlich anerkannte Verbindung von Mann und Frau zu einer dauerhaften Lebensgemeinschaft.

In Deutschland ist klar definiert, dass eine Ehe auf dem Standesamt mit dem Ja auf die Fragen des Standesbeamten beginnt: »Willst du, Irene Müller, Klaus Meier zu deinem dir rechtlich angetrauten Ehemann nehmen?« Und: »Willst du, Klaus Meier, Irene Müller zu deiner dir rechtlich angetrauten Ehefrau nehmen?« Die Antwort muss vor dem Standesbeamten erfolgen. Anschließend unterschreiben die Eheleute und der Standesbeamte das Dokument. Die Eheschließung ist ein öffentlicher Akt, kein Geheimbund zwischen zwei Menschen, der verborgen bleiben kann.

Als gläubiger Mensch kann ich zwar sagen, dass mir die kirchliche Hochzeit mehr bedeutet und ich mich ohne Gottes Segen nicht verheiratet fühle, aber an der Tatsache, dass die Ehe bei der standesamtlichen Heirat beginnt, kommt keiner vorbei.

Was ist Ehe?

Die Ehe ist ein Bund zwischen Mann und Frau. Sie basiert auf der vor Zeugen ausgesprochenen Entscheidung zur lebenslangen Treue und Hingabe. Sie ist ein lebenslanger Stand, in dem ich mich bis zum Tod oder meinem Schlussstrich durch die Scheidung befinde. Ehe ist ein lebenslanger Prozess, ein tägliches Sich-vom-anderen-Entfernen und Wieder-neu-auf-ihn-Zugehen. Ehen, die gelingen, nehmen das Versprechen zur Hingabe aneinander in guten und in schlechten Zeiten sehr ernst. Sie wissen um ihre eigenen Schwächen und Stärken.

Für Christen ist die Ehe keine menschliche Erfindung, sondern Gottes Idee. Sie erbitten Gottes Segen für ihren gemeinsamen Weg und vertrauen auf Gottes Führung und Wegweisung. Wenn es zu Krisen kommt, glauben sie, dass Gott sie hindurchführt und ihnen hilft, zu vergeben und um Vergebung zu bitten. Sie erfahren immer wieder, wie Gott ihnen neue Liebe für den Ehepartner gibt.

Wer ist scheidungsimmun?

Der Soziologe Hartmut Esser[36] schreibt, dass für scheidungsimmune Menschen, Folgendes typisch sei:

- Die kirchliche Heirat als stärkster Faktor, da das zeigen würde, dass sich die Eheleute nicht als Individuen sehen würden, sondern als kollektive Einheit
- Kinderwunsch
- Geschmack und Einstellungen, die zueinander passen
- Akzeptanz des Partners vom eigenen Umfeld

Später kämen noch folgende die Ehe stabilisierende Faktoren hinzu:

- gemeinsames Eigentum
- gemeinsame Erinnerungen
- viele gemeinsame Freunde und Bekannte

Wenn Ehen die oben beschriebenen Kriterien erfüllen würden, nennt er die Ehen »gut gerahmte Beziehungen«.

Solche Paare »mit einer gut gerahmten Beziehung« hätten

- weniger schwere Ehekrisen
- weniger Seitensprünge
- und würden in der Eigenbeurteilung ihre Ehe als gut bis sehr gut bewerten.

Sein Rat an junge Paare

- Macht keinen Ehevertrag
- Zögert nicht
- Geht für den anderen erkennbar ein Risiko ein
- Zeigt euch gegenseitig, dass ihr euch auf den anderen verlassen könnt
- Zeugt mehrere Kinder
- Investiert in gemeinsames Eigentum
- Startet gemeinsame Projekte
- Verbringt viel Zeit miteinander
- Habt viele gemeinsame Freunde

Hauptsache süß – ein Sketch

Ein Teenager gibt in seiner Clique eine Dose mit vielen verschiedenen Süßigkeiten aus. Nacheinander greifen die Teenager zu.

<u>Der Wählerische</u>
Der Erste zögert und meint: »Ich möchte erst mal auf der Packung nachschauen, was in den einzelnen Süßigkeiten drin ist. Ich esse nicht alles. Ich suche etwas mit Krokant. Wenn da kein Krokant dabei ist, esse ich lieber nichts.« Nach längerem Suchen wird er fündig und isst genüsslich.

<u>Der Wahllose</u>
Der Zweite greift wahllos hinein nach dem Motto: »Ich esse alles, Hauptsache süß!« und nimmt gleich zwei auf einmal.

<u>Der Verführbare</u>
Der Dritte wehrt zunächst ab und erklärt: »Ich bin auf Diät. Ich habe mir vorgenommen, einen Monat lang keine Süßigkeiten zu essen.« Daraufhin versucht ihn der Teenie mit folgenden Worten zu verführen: »Das kannst du mir nicht antun, ich habe sie extra für heute gekauft!« Oder: »Einmal ist keinmal.« Alle in der Clique versprechen ihm, ihn nicht zu verraten, wenn er eine Ausnahme von der Diät machen wird. Am Ende nimmt er eine.

In welchem Menschentyp findest du dich wieder?

An dem Sketch wird sehr gut deutlich, dass Menschen ganz verschieden sind:

Manch einer mag denken: »Hauptsache eine Freundin. Es ist cool, eine Freundin zu haben oder sagen zu können, dass man schon mit einer geschlafen hat. Was soll schon passieren? Ich lebe jetzt und will jetzt das Leben genießen. Was soll das Gequatsche von den Folgen?«

Andere planen ihr Leben ganz genau und haben feste Vorstellungen von einem Mädchen oder einem Jungen, mit dem sie befreundet sein wollen. Sie warten lieber oder verzichten auf kurzlebige Beziehungen, um sich für den Menschen aufzuheben, den sie auch heiraten wollen.

Aber auch die Menschen, die feste Vorsätze haben, sind verführbar. Keiner sollte zu stolz sein. Es gibt Situationen, in denen es schwer wird, seinen Überzeugungen treu zu bleiben.

Denke daran:
Du schreibst die Geschichten
deines Lebens selbst
– auch die Liebesgeschichten!

Anmerkungen

[1] Claudia und Eberhard Mühlan, Vergiss es, Mama, Schulte und Gerth Verlag, S. 12-13
[2] Dr. Tennov, Dr. Peck, in: Gary Chapman, Die fünf Sprachen der Liebe, Francke Verlag 1994, S. 24-25
[3] Wünsche für das Rentenalter, Worauf die Deutschen nicht verzichten wollen, Quelle Commerzbank/Emnid Umfrage
[4] Rainer Langhans, in: «Conrad und Co«, ZDF, Kein Sex vor der Ehe?
[5] Dominik Klenk, Abgekocht wie die Frösche, Ethos 5/2004
[6] www.bundesregierung.de/Gesetze, Artikel 3,1 Gleichheit vor dem Gesetz
[7] www.wahreliebewartet.de, Wahre Liebe wartet. Postfach 62, 73555 Mutlangen, Hotline 06254/37191
[8] Bernhard Schlink: Der Vorleser, Diogenes-Verlag, ISBN 3-257-22953-4
[9] www.britannica.com, Raymond Pearl, 1879–1940
[10] Schwanger schon mit 14 Jahren, Allgemeine Zeitung, Mainz, Anfang September 2002
[11] 20 000 Minderjährige werden jährlich schwanger, (kaha/mhs) Westdeutsche Zeitung 3.2.2004
[12] 20 000 Minderjährige werden jährlich schwanger, (kaha/mhs) Westdeutsche Zeitung 3.2.2004
[13] Testament kurz gefasst, S.10-11
[14] info@der-durchblick.de, www.embryonenoffensive.de, Embryonenoffensive, Thomas Schührer, Dossentalstr. 26, 76646 Bruchsal, Tel 07251/359181, Fax 07251/359182
[15] www.kaleb.de
[16] www.schreeuwomleven.nl
[17] www.netdoktor.at/ sex_partnerschaft, Sexuell übertragbare Krankheiten
[18] Gisela Gille, Chlamydien - eine heimliche Epidemie unter Jugendlichen, Deutsches Ärzteblatt, Jg 102, Heft 28-29, 18.7.2005
[19] WZ (Westdeutsche Zeitung), 31.1.2000
[20] www.rauchfrei.de, www.tabakfrei.de
[21] AIDS-Risiko: Irrglaube bei Jugendlichen, Westdeutsche Zeitung 18.11.2002
[22] 1500 neue HIV-Infizierte 2002 in Deutschland, Ärzte-Zeitung 4/2003
[23] Troja, Marion: HIV: Mitten im Leben steht plötzlich alles still, Westdeutsche Zeitung 30.11.2002
[24] Troja, Marion: HIV: Mitten im Leben steht plötzlich alles still, Westdeutsche Zeitung 30.11.2002
[25] AIDS-Infizierter wegen Ansteckung verurteilt, Westdeutsche Zeitung 15.10.2003
[26] Undichte Kondome in Japan, Westdeutsche Zeitung, 11.4.1998
[27] »Verhüter« mit kleinen Fehlern, Westdeutsche Zeitung ca. 1008
[28] Prof. Dr. Lars Weström, Abteilung für Geburtshilfe und Gynäkologie, Universitätsklinik Lund, Schweden, Medical Tribune, Klinikausgabe Nr. 11/12, 15.6.1993
[29] Mechthild Schulze-Hagen: Unfruchtbar durch Bakterien, Rheinische Post 21.2.05
[30] www.medizin.de, Antibabypille
[31] Rainer Langhans, in: »Conrad und Co«, ZDF, Kein Sex vor der Ehe?
[32] Vgl. hierzu: K. R. Mühlbauer, Sozialisation, München 1980, UTB, S. 56
[33] »Ein Vater an seine 15-jährige Tocher«, aus: Brennpunkt Seelsorge 4/1999, Lieben lernt man vor der Ehe Teil 1, S. 71 in gekürzter Form, ISSN 0171-5666, Christen in der Offensive e.V., Postfach 1220, 64382 Reichelsheim
[34] Das Gesetz zum Schutze der Jugend in der Öffentlichkeit, Jan Kieven, Köln, Drei-W-Verlag, Bestell-Nr. 1003, S. 11
[35] Meyers großes Taschenlexikon
[36] Hartmut Esser, Professor für Soziologie an der Universität Mannheim: Kein Ehevertrag! Mehrere Kinder, Fokus 10/2003

Literatur/Medien

BÜCHER

- Ute Horn, Ich will dir treu sein, Schulte und Gerth Verlag, ISBN 3-89437-993-6
- Gary Chapman, Die fünf Sprachen der Liebe, Francke Verlag, ISBN 3-86122-126-8
- Prof. Dr. med Josef Rötzer, Der persönliche Zyklus der Frau, Herder, ISBN 3-451-26885-X
- Sylvia Renz, Sammelband 1, Auf dem Weg nach Nirgendwo?, Mir dir bis ans Ende der Welt, Schulte und Gerth Verlag, ISBN 3-89437-729-1
- Sylvia Renz, Sammelband 2, Wie eine Wolke im Wind, Und der Himmel ist so nah, Schulte und Gerth Verlag, ISBN 3-89437-730-5

Broschüren

- Anke Leitzinger, Unsere Kinder schützen, Christliche Pfadfinderschaft Royal Rangers, An de Krütpasch 9, 47661 Issum
- Jugendsexualität, 2001, Herausgeberin: Bundeszentrale für gesundheitliche Aufklärung, Postfach 910152, 51017 Köln, Bestellnr. 13316000, ISBN 3-933191-75-0, TNS Emnid Bielefeld Empirische Sozialforschung

Internet - Adressen

- www.medizin.de
- www.netdoktor.at
- www.embryonenoffensive.de
- www.wahreliebewartet.de

hänssler

Michael Müller

Be different

Taschenbuch, 112 S., Nr. 394.115, ISBN 3-7751-4115-4

»Es tut doch jeder.« – Wirklich jeder?
»Ist doch mein Leben.«
Bis jemand schwanger wird oder Konsequenzen davon trägt.
»Ich weiß, wie ich mich schützen kann.« – Und wie schützt du dein Herz?

Der Druck auf Teenager, unbedingt Sex haben zu müssen, ist in unserer sexualisierten Welt heute höher denn je.
Doch Teenager und Jugendliche dürfen nicht länger um eine einfache Wahrheit betrogen werden: Sie können anders leben, aus der Masse heraustreten. Eine konsequente Entscheidung kann ihren ganzen Lebenslauf verändern, ihre Seele und ihre Persönlichkeit schützen und bewahren. »Wahre Liebe wartet« steht für diese hoffnungsvolle Entscheidung: sexuelle Intimität ausschließlich in der Ehe zwischen Mann und Frau.
Gott selbst ist der Erfinder der Sexualität. Er hat fantastische Pläne für dein Leben, die auch den sensiblen Bereich unserer Sexualität berühren. Fragen wie »Warum jetzt schon entscheiden?«, »Ist es für mich nicht zu spät?« und »Muss ich denn nicht zuerst Erfahrungen sammeln?«, werden in diesem Taschenbuch auf erfrischend unkomplizierte und einfühlsame Weise angegangen.

Tobias Faix

JesusStyle

Paperback, 160 S., Nr. 394.025, ISBN 3-7751-4025-5

Lass dich auf ein großes Abenteuer ein! Ehrlich, kompromisslos, radikal!
In JesusStyle geht es um dein Herz, deine Sehnsüchte und um ein echtes Leben mit Jesus. Dieses Buch will dich einladen auf eine gemeinsame Entdeckungstour durch das Leben von Jesus und seinen Style.
Mache dich auf, den JesusStyle zu entdecken. Einen Style der durch alle Bereiche deines Lebens geht: Familie, Schule, Freunde und alles, was du sonst noch machst. JesusStyle ist nicht von den Launen der Modemacher aus New York und Mailand, nicht von den Trends in Musik und Lifestyle abhängig ist.
Lebe einen Style, den du nicht ständig an dir verändern musst, sondern der dich verändert!

Bitte fragen Sie in Ihrer Buchhandlung nach diesen Büchern!
Oder schreiben Sie an: Hänssler Verlag GmbH & Co. KG, 71087 Holzgerlingen.